Ciments de l'Afrique à la conquête du Cameroun

© 2017, Perrin Banzeu

Éditeur : BoD-Books on Demand, 12/14 rond-point des Champs Élysées,

75008 Paris, France

Impression : BoD-Books on Demand, Norderstedt, Allemagne

ISBN : 978-2-322-14005-3

Dépôt légal : mars 2017

Perrin Banzeu

Ciments de l'Afrique à la conquête du Cameroun

Essai

« *Les menaces militaires et les alliances ont perdu leur importance avec la pacification des échanges internationaux ; dès lors, les priorités économiques ne sont plus occultées et passent au premier plan* »[1].

Edouard Nicolae Luttwak (1995).

---

[1] Edouard Nicolae Luttwak, *Le rêve américain en danger*, Paris, Odile Jacob, 1995, p. 40.

Ad majorem dei gloriam et aux firmes multinationales africaines d'aujourd'hui et de demain, afin que leurs actions contribuent à inscrire l'Afrique sur les lignes de force de la société internationale.

Remerciements

Cette entreprise n'aurait pas pu prendre corps sans le soutien et l'amour de ma famille. Ma gratitude va spécialement à mes parents et mes frères et sœurs. L'amitié de Tsasse Phinées n'a pas été moins importante. J'ai aussi abondamment bénéficié des précieux conseils du professeur Joseph Keutcheu qui, malgré un emploi de temps très chargé, a accepté de relire et de commenter ce travail de recherche.

Les erreurs comme les imperfections sont bien entendu, les miennes.

Table des matières

I. Introduction 15

II. Instruments et stratégies de l'offensive de CIMAF au Cameroun 19

    La mise en place d'un dispositif offensif et défensif de conquête 20

        Les instruments offensifs..*20*

            Les externalités positives *20*

            Les instruments intrinsèques *25*

        Les instruments défensifs *33*

    Le déploiement de stratégies variées 46

        L'usage de la coopération Sud/Sud et de la diplomatie économique *47*

            La coopération Sud/Sud..*48*

            La diplomatie économique..*50*

        L'adoption des « coups stratégiques » envers ses concurrents *53*

            L'incarnation des valeurs fortes *54*

            La stratégie de différentiation *55*

            Le processus de fidélisation......................................*60*

III. Usages et enjeux de l'offensive de CIMAF au Cameroun. 69

L'offensive de CIMAF : un outil de construction des identités et des intérêts de CIMAF et de son État d'origine 69

La construction de l'identité et des intérêts de CIMAF 70

La construction de l'identité de rôle du Maroc : la puissance de l'État 73

L'offensive de CIMAF : un outil de participation à la construction d'un jeu économique plus « ouvert » et « concurrentiel » au Cameroun 78

IV. Conclusion............ 87

Bibliographie............ 89

Annexe............ 97

I.

Introduction

« *Je pense que le prolongement du Maroc c'est l'Afrique subsaharienne* »[1]. Par ces propos tenus lors de la seconde édition du New York Forum Africa à Libreville, Saad Sefrioui traduisait les ambitions africaines du Maroc et témoignait de la volonté du groupe Addoha Douja Promotion[2] d'intégrer l'Afrique dans son jeu. Afin d'accompagner ses projets immobiliers et d'exporter son savoir-faire et son expérience au Sud du Sahara, le groupe Addoha a créé en 2011 Ciments de l'Afrique (CIMAF),

---

[1] Saad Sefrioui, Directeur Général Délégué du Groupe Addoha, interviewé par Erik Nyindu, journaliste à Vox Africa TV, dans le cadre de l'émission Focus, disponible sur : https://www.youtube.com/watch?v=uE0IR8WgO-Q, consulté le 01/11/2015.
[2] Créé à la fin des années 1980 par Anas Sefrioui, un homme d'affaires marocain qui en est l'actionnaire majoritaire avec 56 %, Addoha Douja Promotion est le premier groupe immobilier marocain. Le groupe dispose d'une filiale appelée Ciments de l'Atlas (CIMAT) qui, dans le cadre de la convention d'investissement signée avec l'Etat du Maroc le 18 juillet 2007, a lancé la réalisation simultanée de deux cimenteries d'une capacité de 1,6 millions de tonnes de ciment par an chacune dans les régions de Ben Ahmed et de Beni Mellal au Maroc. Avec ses deux usines de production, entrées respectivement en exploitation en avril 2010 et janvier 2011 Ciments de l'Atlas se positionne comme un opérateur cimentier national de référence S'inscrivant dans la dynamique de développement national tant sur le plan économique, social, qu'humain. Fort de cette expérience dans les domaines de l'immobilier et de la cimenterie, le groupe s'est lancé à la conquête de l'Afrique à travers Ciments de l'Afrique (CIMAF) aujourd'hui présente en Côte d'ivoire, en Guinée Conakry, au Cameroun, au Burkina Faso, au Gabon et au Congo avec des usines d'une capacité de 500 000 tonnes par an, extensible à 1 000 000 de tonnes.

aujourd'hui présente dans une Afrique qui se modernise à travers de multiples projets d'infrastructures : autoroutes, ports, barrages, aéroports, villes nouvelles, habitat social. Il n'est donc pas étonnant que depuis 2012, CIMAF s'est lancée à la conquête du Cameroun où elle entend se positionner comme un acteur cimentier de référence, capable de répondre à une demande nationale dans ses dimensions quantitatives et qualitatives.

Alors que l'on assiste à une internationalisation progressive des firmes multinationales[1], une réflexion sur leur implantation au Cameroun est restée à la traine en Relations internationales. Si la littérature des Relations internationales au Cameroun est encore fortement structurée autour de l'État[2], les internationalistes ont mesuré l'importance des autres acteurs (Organisations internationales et individus notamment)[3]. Toutefois, ils sont passés à côté des firmes multinationales, alors que ces *sovereignty-free actors*[4] sont présents dans l'espace-

---

[1] Voir, Andreff Wladimir, *Les multinationales globales*, Paris, La Découverte, 2003 ; Omae Kenichi, *L'entreprise sans frontières : nouveaux impératifs stratégiques*, Paris, InterÉditions, 1991.

[2] Intégrer l'étude de l'offensive des firmes multinationales à l'érudition internationaliste au Cameroun n'est pas une démarche traditionnelle, Adamou Ndam Njoya, Narcisse Mouelle Kombi et Yves Alexandre Chouala par exemple accordent tous une place de choix à l'État dans leurs ouvrages respectifs. Voir, Adamou Ndam Njoya, *Le Cameroun dans les relations internationales*, Paris, LGDJ, 1976 ; Narcisse Mouelle Kombi, *La politique étrangère du Cameroun*, Paris, L'Harmattan, 1996 ; Yves Alexandre Chouala, *La politique extérieure du Cameroun. Doctrine, acteurs, processus et dynamiques régionales*, Paris, Karthala, 2014.

[3] Jean-Emmanuel Pondi (dir.), *L'ONU vue d'Afrique*, Paris, Maisonneuve & Larose/Afredit, 2005 ; Hilaire de Prince Pokam, *Migration chinoise et développement au Cameroun*, Paris, L'Harmattan, 2015.

[4] James Rosenau établit une scission entre un monde interétatique composé d'un nombre relativement stable de *sovereignty-bound actors* (les acteurs étatiques traditionnels) et « un monde multicentré » composé des *sovereignty-free actors* que sont l'ensemble des acteurs non étatiques visant par leurs relations informelles à élargir leur autonomie par rapport aux États et à banaliser les contournements des territoires, la contestation des frontières, la remise en cause des souverainetés étatiques. Voir, Dario Battistella, *Théories des*

Introduction

Cameroun bien avant son accession à *l'indépendance*[1]. Tout se passe comme si la communauté des internationalistes camerounais avait décidé d'exclure cet acteur de leur objet d'étude. L'absence quasi-totale de références internationalistes relatives à l'implantation des multinationales au Cameroun est sans nul doute la preuve que la recherche dans ce domaine est restée négligeable, voire inexistante. Une conduite appropriée et avisée d'une étude sur l'offensive d'une firme multinationale au Cameroun doit donc se ranger dans la perspective de l'ouverture d'une brèche, en inscrivant les dynamiques d'exportation des firmes multinationales au Cameroun à l'ordre du jour de l'érudition internationaliste.

Partant, cet ouvrage se propose, à travers une démarche internationaliste de déterminer les instruments, les stratégies, les usages et les enjeux de l'offensive de CIMAF au Cameroun, dans un environnement complexe caractérisé par une concurrence acharnée. Il trouve sa pertinence dans un système international où *« la conquête des marchés et la maîtrise des technologies les plus avancées a pris le pas sur celle des territoires »*[2], où l'acquisition de la suprématie technologique et commerciale est devenue à la fois assise et enjeu de la puissance. Dans cette perspective, État et entreprise agissent le plus souvent de concert–le premier aidant et appuyant les ambitions de la seconde –, en toute conscience des impératifs stratégiques de l'un et de l'autre[3]. Le défi est donc de démontrer qu'au-delà de l'enjeu économique, la conquête du marché camerounais est un élément de puissance et de rayonnement à l'international de CIMAF et de son État d'origine.

---

relations internationales, Paris, Presses de la Fondation Nationale des Sciences Politiques, 2003, pp. 243-244.
[1] La Société Anonyme des Brasseries du Cameroun (SABC), filiale du groupe français Castel est présente au Cameroun depuis le 3 février 1948.
[2] Pascal Lorot, « La géoéconomie, nouvelle grammaire des rivalités internationales », p. 111, www.diplomatie.gouv.fr/fr/IMG/pdf/FD001147.pdf, consulté le 01/11/2015.
[3] Voir, Pascal Lorot, *Ibid.*, p. 114.

Afin de relever ce défi, notre réflexion a pour orientation temporelle la période qui va de 2012 à 2016[1] et s'appuie sur un corpus documentaire diversifié. Deux types de sources ont été mobilisés. Tout d'abord, nous avons utilisé la littérature blanche, formelle ou officielle. À cet effet, les analyses qui suivent reposent sur la lecture de documents émanant d'institutions et d'organismes publics et privés (documents officiels, publications et rapports) ou de particuliers (source académique, presse, etc.). La littérature grise a été notre deuxième type de sources dans la mesure où nous avons mobilisé les contenus des conférences et séminaires – non publiés – qui ont contribué à nourrir notre réflexion.

L'interaction stratégique, le constructivisme et la perspective transnationaliste nous semblent les paradigmes susceptibles de nous éclairer le mieux pour procéder à une analyse explicative et compréhensive de l'entrée en jeu de CIMAF dans l'arène que constitue le Cameroun. Partant de cette posture méthodologique, nous faisons valoir que dans sa conquête du Cameroun, CIMAF associe plusieurs instruments et stratégies. Aussi bien, son offensive est un enjeu pleinement investi par cette dernière. Elle fait l'objet d'un usage stratégique dans la mesure où elle est une ressource pour la construction des identités et des intérêts de CIMAF et de son État d'origine et, un adjuvant à la transformation de l'environnement économique de l'État d'accueil.

---

[1] 2012 est l'année d'arrivée de CIMAF au Cameroun, 2016 est l'année où nous avons arrêté de collecter les données qui ont nourri notre réflexion.

II.

Instruments et stratégies de l'offensive de CIMAF au Cameroun

Le comportement d'un acteur ne peut se concevoir en dehors du contexte d'où il tire sa rationalité. Le contexte est avant tout des relations qui, dans la perspective interactionniste sont des relations de pouvoir[1]. En effet, un acteur – CIMAF – à la recherche des biens – gains économiques –, se retrouve sur un terrain de chasse occupé par un autre acteur – les Cimenteries du Cameroun (CIMENCAM). Ils sont suivis par une vague d'autres acteurs comme Dangote Cement, Medcem Cameroun, Afko Cement Production Company, G Power Cement, Boem Steel Industry etc[2]. Dans cette configuration du « *jeu* », les joueurs ne jouent pas encore ensemble. Ils jouent séparément contre chacun d'entre eux. La concurrence s'accroit donc entre ces acteurs qui se gênent et s'opposent en tant que rivaux en compétition pour l'acquisition des biens recherchés (enjeux). Il s'agit ici, comme dans toute relation de quelque durée, d'un

---

[1] On lira avec le plus grand intérêt Michel Crozier et Erhard Friedberg, *L'acteur et le système. Les contraintes de l'action collective*, Éditions du Seuil, 1977, pp. 41-90.
[2] Dangote Cement est une filiale du groupe nigérian Dangote Group, Medcem Cameroun est la filiale du groupe turc Eren Holdings, Afko Cement Production Company est une firme sud-coréenne, G Power Cement est une firme allemande et Boem Steel Industry est le nom commercial de la cimenterie que compte implanter le Camerounais Emmanuel Bouopda à Douala.

processus d'interpénétration et/ou d'interaction[1]. Les acteurs dépendent l'un de l'autre comme dans un jeu d'échecs. Ce « *Sprint des cimentiers* » amène CIMAF à déployer divers instruments et stratégies ayant tous une même finalité : intégrer le Cameroun dans son jeu.

La mise en place d'un dispositif offensif et défensif de conquête

« *La guerre défensive n'exclut pas l'attaque, de même que la guerre offensive n'exclut pas la défense, quoique son but soit de forcer la frontière et d'envahir le pays ennemi* »[2]. Il en va de même de la conquête d'un marché qui est, à la fois offensive et défensive. Cette combinaison de procédés d'attaque et de défense se retrouve dans les instruments mis en œuvre par CIMAF au Cameroun.

Les instruments offensifs

Les externalités positives

Les marchés extérieurs ne se gagnent pas par la seule dextérité des firmes multinationales. Certains facteurs exogènes, agissant suivant le mode des produits d'appel précèdent et facilitent le déploiement de leur artillerie à l'étranger. Ce constat est particulièrement bien identifié dans les proximités qui unissent le Maroc au Cameroun et sont exploitées comme autant d'adjuvants au renforcement des interdépendances économiques entre ces deux pays. Depuis son accession au

---

[1] Pour plus de détails sur les interpénétrations entre les différents joueurs engagés dans un jeu, lire, Norbert Élias, *Qu'est-ce que la sociologie ?*, Éditions de l'Aube, 1991, pp. 83-121.
[2] Napoléon 1er, cité par Hervé Coutau-Bégarie, *Traité de stratégie*, Paris, Economica, 7e édition, 2011, p. 385.

trône, le roi Mohammed VI n'a cessé de réaffirmer l'identité africaine du Maroc et sa vocation naturelle à être présent dans son continent d'appartenance. Cette vocation naturelle qui permet de revendiquer une position privilégiée auprès du Cameroun s'appuie sur des proximités historique, culturelle et religieuse.

Proximité historique d'abord : elle est liée à l'absence de passé colonial. À la différence de l'Allemagne, la France et la Grande Bretagne, le Maroc n'a jamais été une puissance coloniale et/ou impériale en Afrique. Il dispose à cet effet d'un préjugé favorable de la part du Cameroun qui ne le perçoit pas comme une puissance prédatrice et agressive. Cette image positive facilite la structuration d'une relation de confiance dans laquelle les fiertés marocaine et camerounaise ne se sentent aucunement menacées, et, préserve les parties de tout complexe d'infériorité et/ou de supériorité dans leur relation d'échange.

Proximité religieuse et culturelle ensuite : des pays partageant des valeurs, des normes, développent une attirance naturelle et sont plus enclins à collaborer. Le Maroc et le Cameroun ont en commun des liens religieux – à travers l'islam – et culturels – à travers la langue française et l'appartenance à la francophonie – qui assurent des fonctions intégratrices et discriminantes (sentiment d'appartenir à une communauté, une famille élargie, de partager un destin commun).

Allant dans le même sens, les accords de coopération établis entre le Maroc et Le Cameroun préparent le terrain aux multinationales par la définition de règles du jeu favorables aux intérêts marocains. Ces régimes internationaux balisent le cadre juridique et réglementaire régissant les relations commerciales et économiques entre le Maroc et le Cameroun. Ils rendent plus prévisibles et donc plus stables les comportements et les intentions des acteurs. Ainsi, au terme des travaux de la deuxième session de la Commission mixte Cameroun – Maroc relative entre autres à l'examen des questions de coopération économique et commerciale, cinq accords de coopération ont été signé dans les domaines de la formation et de l'enseignement, des sports, du développement de l'artisanat, du commerce et des petites et moyennes entreprises (PME), etc. Ce rapprochement a été suivi par la ratification en décembre 2014 par le président Paul Biya d'une convention fiscale tendant à éviter la double imposition et à prévenir l'évasion fiscale entre les deux pays. Relevons *in fine* l'enclenchement et la poursuite des négociations relatives à la mise en place progressive d'une zone de libre-échange entre le Maroc et la CEMAC (Communauté Économique et Monétaire de l'Afrique Centrale).

Toutes ces ressources (proximités et accords de coopération) offrent aux opérateurs économiques marocains – publics et privés – un billet d'entrée dans l'économie camerounaise. Ceux-ci sont déjà présents dans des secteurs variés : mines et énergie, banque, assurance, BTP et immobilier etc. Parmi les exemples les plus visibles on peut pointer : Attijariwafa Bank, l'Office National de l'Eau et de l'Electricité (ONEE), la holding Saham, le Groupe Addoha etc.

D'un autre côté, le Cameroun est engagé dans un processus de structuration de la « compétitivité attractiviste »[1] de son territoire. Définie par le *Dictionnaire d'économie et de sciences sociales* comme l' « *aptitude d'un territoire économique, national ou régional, à attirer et à retenir les activités économiques et les facteurs de production (capital et travail) de plus en plus mobile internationalement* »[2], l'attractivité territoriale est l'une des dimensions de l'affrontement généralisé des États. En marge de l'ancienne confrontation axée sur la vente de produits, les nations sont engagées dans une nouvelle bataille centrée sur la localisation géographique des entreprises et de leurs capitaux.

---

[1] Pour plus de détails sur la compétitivité attractiviste des nations, lire, Gilles Ardinat, *Géographie de la compétitivité*, Paris, Presses Universitaires de France, 2013, pp. 83-99.
[2] Claude-Danièle Echaudemaison (dir.), *Dictionnaire d'économie et de sciences sociales*, Paris, Nathan, 2010, p. 28.

Elles recherchent concurremment un même but : être le meilleur dans le marché de la localisation. Qui va attirer le plus grand nombre d'IDE (Investissements Directs Étrangers) ? Qui va avoir le privilège de comptabiliser le plus grand nombre d'implantation d'entreprises sur son territoire ? Qui va conserver sa base productive en amenuisant au maximum la menace de délocalisation ?

Dorénavant, le rôle de l'État est de rendre son territoire « *réceptif* » aux facteurs de production qu'il doit capter au détriment de ses concurrents. Il doit construire et entretenir son influence en vue de doper ses capacités d'action (pouvoir) dans l'arène de la production des biens et services. Car, l'impact et/ou la portée du *soft power* de la puissance économique d'un territoire (compétitivité attractiviste)[1] est largement tributaire de la position (rank) qu'il occupe dans la géographie de la localisation du stock d'IDE (centre ou périphérie). On comprend pourquoi les autorités dirigeantes du Cameroun sont entrées dans cette course mondiale à la « *suprématie attractiviste* » en développant des stratégies de « *marketing territorial* », dont la plus significative à ce jour est la conférence économique internationale de Yaoundé du 17 et 18 mai 2016 baptisée : « *investir au Cameroun terre d'attractivités* ». Grand évènement destiné à construire la marque-pays (comprendre comment le Cameroun est perçu et trouver comment influencer cette perception dans le sens recherché par les autorités dirigeantes)[2], l'image-pays (mise en vitrine l'attractivité du Cameroun) et le *soft power* du territoire Cameroun, cette offensive de charme était surtout une tribune offerte à la classe politique dirigeante pour

---

[1] En s'inspirant de la théorie de Joseph Nye, il est possible d'affirmer que *l'attractivité représente le « soft power » de la politique économique et de la compétitivité nationale*. Voir, Gilles Ardinat, *op. cit.*, p. 98.
[2] Pour plus de détails sur la construction de la marque-pays, lire, Vincent Bastien, Pierre-Louis Dubourdeau, Maxime Leclère, *La Marque France*, Paris, Presses des Mines, 2011.

(dé)montrer aux investisseurs (nationaux et internationaux) son adhésion à la « *gouvernance compétitive* »[1].

Dans cette perspective, la conformation du « *territoire Cameroun* » aux attentes des marchés et des entreprises[2] suit trois grands types de mesures identifiées par Gilles Ardinat[3].

Tout d'abord, il y a la compétitivité-cout qui sert de prétexte à une politique économique avantageuse pour les entreprises (les réformes fiscales et l'adaptation du droit social sont au cœur de ce premier type). Afin de réduire les contraintes qui pèsent sur les investisseurs privés, l'État du Cameroun a opté pour une politique de compétitivité fiscale. Ainsi, la loi 2013/004 du 18 avril 2013 fixant les incitations à l'investissement privé en République du Cameroun accorde à l'investisseur des incitations d'ordres fiscales et douanières pendant les phases d'installation et d'exploitation. Ces incitations fiscales sont complétées par un coût du travail attractif (offre d'une base concurrentielle pour produire). Car, par rapport aux pays asiatiques, les pays d'Afrique disposent d'un avantage significatif en termes de niveau de rémunération de leur main d'œuvre[4].

Ensuite, les pouvoirs publics s'efforcent d'apporter des services publics utiles au processus de production (les infrastructures et la formation sont les piliers de ce second type). Le Cameroun met à la disposition de l'entreprise un réseau

---

[1] La *gouvernance compétitive* est l'ensemble de mesures prises au nom de l'amélioration de la compétitivité territoriale. Voir, Gilles Ardinat, *op. cit.*, p. 123.
[2] Selon le Global Entrepreneurship Index 2017, le Cameroun est le 15ème pays d'Afrique sub-saharienne (sur 30 pays classés) dans lequel il fait bon d'entreprendre en 2017. Voir, Global Entrepreneurship Index 2017, The Global Entrepreneurship and Development Institute, Washington, D.C., USA.
[3] La suite de cette partie s'inspire surtout de l'ouvrage de Gilles Ardinat, *op. cit.*, pp. 145-164.
[4] Voir, Étude partenariat Maroc-Afrique. 15 recommandations pour un co-développement responsable et durable, Institut Amadeus, Juillet 2014, p. 51.

infrastructurel en développement dans le domaine des télécommunications (réseau de fibre optique), du transport (routes, ports, aéroports, réseau ferroviaire) et de l'énergie (grands projets en cours de réalisation en vue de résorber le déficit énergétique). Aussi bien, il regorge des compétences humaines – main d'œuvre abondante, jeune et qualifiée – mobilisables dans une logique d'accroissement de la compétitivité hors-prix des entreprises. Mohamed El Kettani[1] partage ce point de vue lorsqu'il affirme : « *[...] D'abord, il y a le capital humain, que sont les femmes et les hommes que nous avons retrouvés au sein de notre banque plus tous les jeunes que nous avons recrutés ces dernières années. C'est un capital humain déterminé, volontaire et compétent [...]* »[2].

En complément de ces deux premiers types de mesures, les États mettent en place des *clusters* (grappes d'activités) afin de doter le territoire national de pôles de compétitivité thématiques susceptibles d'affronter la concurrence mondiale. Le Cameroun encourage ces « *effets d'agglomération* » à travers la loi 2013/011 du 11 décembre 2013 régissant les zones économiques en République du Cameroun. Elle fixe le cadre général de la création, de l'aménagement et de la gestion des zones économiques, ainsi que les modalités d'admission des entreprises désireuses de s'y installer.

Les instruments intrinsèques

Au lieu de procéder à une taxonomie exhaustive des outils mobilisés par CIMAF, nous nous intéresserons davantage à l'analyse de quelques-uns des plus ambitieux. Ainsi, la construction d'une entreprise de classe internationale, le recrutement d'un personnel hautement qualifié, l'offre de produits de grande qualité et la présence sur internet sont les

---

[1] Mohamed El Kettani est le PDG du groupe Attijariwafa Bank.
[2] Propos recueillis par *Cameroon tribune* du 18/05/2016.

instruments qui permettent à CIMAF d'améliorer sa situation. Ils lui permettent de structurer un jeu en sa faveur et d'imposer des termes d'échange favorables à ses intérêts.

D'un coût de 30 millions d'euros (environ 20 milliards de FCFA), CIMAF Cameroun SA est une cimenterie réalisée selon les dernières technologies disponibles permettant de respecter les standards nationaux et internationaux les plus exigeants, aussi bien en matière d'optimisation de la consommation énergétique, qu'en matière de protection de l'environnement[1]. Les équipements de ses installations – le bloc administratif, le laboratoire, la salle de commande électrique et les constituants de la chaîne de production que sont le hall de stockage de la matière première, la ligne de transport, le broyeur, l'unité d'ensachage, etc. – sont fabriqués par l'Allemand Polysius, dont les machines « *ont une bonne réputation à travers le monde entier* »[2].

Une entreprise de classe internationale est une entreprise consciente de la nécessité d'adopter un comportement socialement responsable, et des dividendes qui y sont associées notamment en matière de puissance et de positionnement sur l'échiquier mondial. Les entreprises opèrent dans un environnement contraignant et habilitant qui encadre leurs comportements (l'environnement impose) et les rend possible (l'environnement permet). Cet *environnement des contraintes* est partiellement construit par la norme internationale ISO 26000 : 2010 relative à la Responsabilité sociétale, qui est en réalité une structure au sens d'Alexander Wendt. Exprimé autrement, cette norme, une fois structurée par les agents, s'émancipe par rapport à ceux-ci, devenant ainsi une structure sociale, susceptible de reconstituer les agents, c'est-à-dire susceptible non seulement de contraindre leurs comportements, mais aussi

---

[1] La majorité des données mobilisés dans ce titre a été collectée sur le site internet de Ciments de l'Afrique Cameroun SA, www.cimentsafrique.cm, consulté le 01/11/2015.
[2] Un cadre de CIMAF, cité par *Investir au Cameroun*, n°20, novembre 2013.

et surtout leurs identités et leurs intérêts. À cette aune il est clair qu'une entreprise qui se met en apesanteur par rapport à la Responsabilité Sociétale de l'Entreprise (RSE) ne peut pointer un certain nombre de bénéfices exprimés en termes d'avantages concurrentiels ; de réputation ; de capacité à attirer et à retenir ses salarié(e), ses clients ; de maintien de la motivation et de l'engagement de ses employés, ainsi que de leur productivité ; de vision des investisseurs, des propriétaires, des donateurs, des sponsors et de la communauté financière ; de relations avec les entreprises, les pouvoirs publics, les médias, les fournisseurs, les pairs, les clients et la communauté au sein de laquelle elle intervient[1]. Partant, il est de bon aloi de considérer que la RSE est loin d'être une coquille vide brandie de manière ostentatoire par les entreprises pour souscrire à ce que Paul J Dimaggio et Walter W Powell qualifient d' « *isomorphisme mimétique* »[2]. Elle est un levier de légitimité qui crédibilise l'entreprise auprès de ses parties prenantes.

Cet enjeu est investi par CIMAF qui se présente comme une entreprise qui se préoccupe de l'impact de ses décisions et activités sur l'environnement et la société.

Le respect de l'environnement est une ligne de conduite que s'est fixée d'emblée le management de Ciments de l'Afrique Cameroun en y consacrant dès la phase de conception de son projet, 15% de l'investissement initial de construction de la cimenterie. Cet investissement est dédié aux filtres à manches à haut rendement et de dernière génération, au contrôle continu des poussières des cheminées, à la couverture de tous les parcs de stockage, à la nouvelle technologie de refroidissement à l'air,

---

[1] Pour plus de détails sur les avantages que l'on peut tirer de la mise en œuvre de la norme internationale ISO 26000 : 2010, lire, *Découvrir ISO 26000*, Organisation internationale de normalisation, 2010, p. 3.
[2] Pour plus de détails sur le concept d'isomorphisme mimétique, lire Paul J Dimaggio, Walter W Powell, « The iron cage revisited : institutional isomorphism and collective rationality in organizational fields », dans *American Sociological Review*, volume 48, issue 2, april 1983, pp. 147-160.

sans utilisation d'eau dans le processus industriel, à la récupération et canalisation de toutes les eaux pluviales et au dallage des plateformes.

Contrairement à l' « *entreprise friedmanienne* » qui met sous éteignoir toute action autre que celles répondant à la *sacro-sainte injonction* de « *la maximisation du profit pour l'actionnaire* »[1], CIMAF entend intervenir dans un domaine considéré comme relevant des obligations du politique : celui de la fourniture des services sociaux. Elle s'engage vis-à-vis de ses partenaires sociaux, riverains et personnels à la création d'emplois permanents, à la mise en valeur du patrimoine naturel et aux autres actions dans le domaine social et environnemental. En effet, la puissance des multinationales s'accompagne de demandes croissantes à leur endroit. Il n'est pas rare que, sur le terrain, la pression des populations locales les contraigne à se substituer à l'État défaillant pour construire des écoles, des dispensaires (et même des prisons !) afin de pouvoir poursuivre leurs activités[2]. Cette posture de pourvoyeur de services sociaux fait chorus au concept de « *citoyenneté corporative* » proposé par Dirk Matten et Andrew Crane pour réévaluer les responsabilités des entreprises. Celles-ci sont désormais – au même titre que l'État – des fournisseurs de droits sociaux, des facilitateurs de droits civils et des canaux de droits politiques[3]. En intégrant les préoccupations sociales dans sa politique, CIMAF démontre

---

[1] Selon Milton Friedman, « il n'y a rien de plus dangereux pour le capitalisme qu'une conception de la responsabilité sociale de l'entreprise autre que la maximisation du profit pour l'actionnaire ». Propos recueillis par le New York Times du 10/09/1970.
[2] Voir, Marie-Claude Smouts, Dario Battistella, Pascal Vennesson, *Dictionnaire des relations internationales. Approches, concepts, doctrines*, Paris, Dalloz, 2ᵉ édition, 2006, p. 362.
[3] Pour plus de détails sur le concept de citoyenneté corporative, lire, Nolywé Delannon, Emmanuel Raufflet, Luis Portales, Consuelo Garcia-de-la-Torre, « Communautés locales », dans Franck Tannery, Jean-Philippe Denis, Taieb Hafsi, Alain Charles Martinet (dir.), *Encyclopédie de la stratégie* [livre électronique], Paris, Vuibert, 2014, Chapitre 8.

qu'en plus d'être une entreprise « *en marché* », elle est également une entreprise « *en société* »[1].

Quel type de RSE sera pratiqué par CIMAF ? La RSE cosmétique, la RSE périphérique, la RSE intégrée ou la RSE-BoP[2] ? L'entreprise pratiquera-t-elle indistinctement tous les types de RSE ? S'il est vrai que seule une analyse étalée sur la durée permettra de répondre avec précision à ces questions, on peut déjà mentionner que toutes les RSE sont à encourager dès lors que le management est contextualisé. Car, la RSE se caractérise fondamentalement par son caractère encastré dans des territoires, des groupes, des communautés que l'entreprise s'efforce de respecter sur la durée et au développement desquels elle participe.

La compétitivité de CIMAF est renforcée par le recrutement d'un personnel « *hautement qualifié* » et l'offre de produits de « *grande qualité* ». Une main d'œuvre qualifiée est une ressource pertinente pour l'innovation, la croissance et la prospérité de l'entreprise. La captation d'un personnel de qualité est sans ambages l'une des causes de la guerre des talents qui oppose les entreprises entre elles. Celles-ci sollicitent les services des cabinets de chasseurs de tête afin d'enrôler les candidats à fort potentiel, mettent en place des « *youth graduate program*» dans l'optique de séduire la matière grise des jeunes diplômés fraichement sortis des universités et grandes écoles, n'hésitent pas à recourir à des actions hostiles et agressives comme les pratiques de débauchage des meilleurs salariés en poste chez un concurrent via la proposition d'une offre professionnelle plus intéressante.

---

[1] Cette expression est tirée de l'article de Marielle Payaud, Alain Charles Martinet, « Pauvreté », dans Franck Tannery et al (dir.), *Ibid.*, Chapitre 65.
[2] Ce paragraphe s'inspire surtout de l'article de Alain Charles Martinet, Marielle Payaud, « RSE », dans Franck Tannery et al (dir.), *Ibid.*, Chapitre 75.

C'est donc logiquement que CIMAF s'entoure de candidats possédant des « *compétences exceptionnelles* », de l'expérience en tant que spécialistes et qui souhaitent avancer professionnellement. La philosophie RH (Ressources Humaines) de l'entreprise laisse entrevoir une volonté d'attirer et de retenir les meilleurs à travers la promotion d'un management des cœurs[1] structuré autour du « *principe de la Carotte* »[2]. À rebours d'une conception du management qui vise à asservir la main d'œuvre en lui extorquant du profit, CIMAF met en exergue une stratégie de management qui valorise l'employé. Ainsi, ceux qui rejoignent l'entreprise sont appelés à intégrer une société ouverte, transparente et responsable, à collaborer avec certains des plus grands spécialistes de l'industrie, à utiliser des technologies d'avant-garde et à relever des défis stimulants. L'enjeu d'un tel management est de désavouer la conception asservissante et punitive du travail (Adam et Ève travaillent parce qu'ils ont désobéi à Dieu) en suscitant l'amour du travail dans les cœurs des employés, en optimisant le principe de la *self-actualization* développé par Adrian Gostick et Chester Elton de la manière suivante : « *Une bonne part de l'attitude d'un employé envers son travail est impulsée de façon interne (internally driven) par son désir personnel d'autonomie et de réussite. Pour aider leurs employés à réussir dans leurs fins, les managers efficaces et éclairés modifient aujourd'hui leur façon de diriger. Ils ont appris à motiver leurs troupes en mobilisant les espoirs et les attitudes que chaque personne développe autour de son travail. Ils aident leurs employés à réaliser leur potentiel. [...] Dans une culture de la recognition, les gens cherchent davantage [qu'à être seulement validés par leurs*

---

[1] Le management des cœurs est structuré autour de la maxime chrétienne : « tu maximiseras la production en aimant ton prochain ». Pour plus de détails, lire, Yves Citton, « Management des cœurs », dans Franck Tannery et al (dir.), *op. cit.*, Chapitre 57.
[2] Une carotte est selon Adrian Gostick et Chester Elton quelque chose qu'on utilise pour inspirer et motiver un employé. Pour plus de détails sur le principe de la carotte, lire, Adrian Gostick, Chester Elton, *The carrot principle. How the best managers use recognition to engage their people, retain talent and accelerate performance*, London, Simon & Schuster, 2007.

dirigeants]: l'auto-actualisation. Bien entendu, ceci est une bénédiction pour toute organisation, puisque des employés avides d'auto-actualisation s'efforcent d'exceller et d'atteindre leur plus haut potentiel. On obtient alors un niveau de performance où les travailleurs sont pleinement engagés et désireux de donner à leur travail tout ce qu'ils ont de mieux, ce qui génère des avantages à la fois pour l'organisation et pour l'individu »[1]. Dès lors, intégrer CIMAF n'est pas seulement l'opportunité de rejoindre une grande compagnie, c'est aussi la possibilité d'accroître ses performances, d'auto-réaliser son rêve de réussite, de progrès d'ascension professionnelle et sociale etc.

Au Cameroun, CIMAF commercialise trois types de produits (le CEM II B 32.5 R, le CEM II 42,5 R et le CPJ 35[2]) conformes à toutes les exigences chimiques, physiques et mécaniques prévues par la norme NC 234:209-06. Ces matériaux de construction de base de haute qualité s'emploient dans une vaste gamme d'ouvrages commerciaux et architecturaux en béton, dans des travaux de bâtiment, de génie civil, ainsi que dans les grands ouvrages nécessitant de fortes résistances mécaniques à court terme. En effet, ils peuvent être utilisés pour : la fabrication du béton prêt à l'emploi, la fabrication du béton armé fortement sollicité (structures porteuses), les travaux ordinaires en béton armé, les travaux en grande masse, la fabrication du béton précontraint, des produits préfabriqués en béton non armé (parpaings, hourdis, pavés, etc.) et la stabilisation des sols et graves ciments. Ils ont pour avantage d'être adaptés pour les pays tropicaux, de dégager une faible chaleur d'hydratation, d'être mieux adaptés pour minimiser les risques de fissuration, d'empêcher la corrosion des armatures et la porosité des bétons et mortiers et de permettre d'obtenir les résistances à jeunes âges nécessaires sur les bétons pour décoffrer rapidement et maintenir les cadences de chantier.

---

[1] Adrian Gostick, Chester Elton, *op. cit.,* pp. 58-59.
[2] Voir les photos des différents produits commercialisés par CIMAF au Cameroun en annexe.

Internet est devenu un des facteurs clés de la pénétration des marchés. C'est un levier de l'essor et du développement des avantages compétitifs de l'entreprise. Car, le numérique est aujourd'hui le principal relais de croissance des industries traditionnelles qui améliorent leurs process de production, leurs produits et leurs services grâce au numérique[1]. C'est ainsi que CIMAF mobilise cet outil pour d'une part, renforcer sa compétitivité en augmentant sa productivité, sa réactivité et sa flexibilité et, d'autre part pour faciliter son expansion. Son site internet (www.cimentsafrique.cm), véritable « *carte d'identité* » de l'entreprise, offre de nombreux avantages à l'entreprise et aux parties prenantes. On peut citer entre autres :

- l'accession à un maximum d'informations concernant l'entreprise (politique environnementale, différents produits, point de vente, politique de recrutement, contact, etc.) ;

- l'abaissement de façon significative du coût des transactions entre l'entreprise et les parties prenantes et le gommage du temps et de la distance entre celles-ci ;

- la gestion de flux d'informations concernant les comportements, attentes et exigences des consommateurs (outil au service de la construction d'une reliance serrée entre le consommateur et l'entreprise) ;

- important levier en matière de gestion de l'innovation si l'entreprise en fait un instrument au service du changement technologique ;

---

[1] Lire, Association Française des Editeurs de Logiciels et Solutions Internet, « Compétitivité des entreprises françaises : La contribution de la filière Logiciels et Internet », http://www.afdel.fr/publications/categorie/positions-afdel/article/competitivite-des-entreprises-francaises-la-contribution-de-la-filiere-logiciels-et-internet, consulté le 01/11/2015.

- importante rampe de lancement au service de la construction de l'E-réputation de l'entreprise, de la gestion et de la prévention des crises liées à celle-ci.

Ces instruments offensifs sont complétés par des outils défensifs.

Les instruments défensifs

Les instruments défensifs visent à réduire l'interchangeabilité de CIMAF (son remplacement) vis-à-vis de l'État du Cameroun et, à accroitre ses marges de manœuvre à l'égard de ses concurrents.

Depuis la fin de la Guerre froide, les capacités des États à demeurer des acteurs principaux et privilégiés des relations internationales sont profondément remises en cause[1]. Ils sont concurrencés et contournés par une vague d'acteurs parmi lesquels figurent en bonne place les firmes multinationales. Expression de la mondialisation, ces dernières voient leur influence s'affirmer à mesure que s'accroit leur expansion. Leurs actions transnationales tendraient à paralyser celles des États en réduisant considérablement leur marge de manœuvre et d'initiative, en empiétant sur les domaines de souveraineté des États. Plusieurs éléments militent en faveur de cet affaiblissement :

- la conversion de l'État aux thèses du néolibéralisme qui font de ce dernier un agent au service des forces du marché (marchés financiers mondiaux, entreprises multinationales). L'État doit, à l'intérieur de ses frontières, structurer – comme nous l'avons vu plus haut – un ordre économique favorable aux multinationales. Il doit s'abstenir de faire les affaires, laisser faire (interventionnisme réduit et

---

[1] Pour plus de détails, lire, Marie-Claude Smouts et al, *op. cit.*, pp. 215-217.

affaibli) et convertir la société aux doctrines et préceptes véhiculés et défendus par le monde des affaires ;

- la dévaluation de la géopolitique au profit de la géoéconomie trouve son expression dans la primauté du facteur économique (structuré par les multinationales) sur le facteur militaire (détenu par l'État) dès lors qu'il s'agit de penser, comprendre et expliciter la puissance au XXIe Siècle. Les multinationales sont des super puissances économiques. 82000, tel est selon la CNUCED l'estimation de leur nombre en 2008. Le volume d'affaires traité par ces firmes est considérable : La *major* texane ExxonMobil a réalisé en 2008 près de 460 milliards d'euros de chiffre d'affaires dont 70 % proviennent de ses filiales étrangères (322 M$). Avec un tel volume de ventes, cette firme transnationale dispose d'un budget de fonctionnement supérieur à celui d'un État comme la France (233,5 M€, soit environ 350 M$). La chaîne américaine de supermarchés Wal-Mart, emblématique de la société de consommation, emploie plus de 2,1 millions de salariés (dont les 2/3 aux États-Unis). Cet effectif pléthorique correspond à la population active totale d'un pays comme l'Irlande (estimée à 2,2 millions)[1]. Ces importantes ressources permettent à l'entreprise globale d'imposer sa dure loi économique – menace de délocalisation, constitution d'un capital cosmopolite en vue de saper l'ancrage national de l'entreprise etc. – à l'État désormais malmené, dépossédé et atterré. Bill Clinton disait de ces entreprises qu'elles ont pratiquement un droit de veto sur les politiques économiques américaines[2] ;

- d'un point de vue géographique, l'internationalisation des firmes multinationales favorisée par la mondialisation libérale les met dans une situation privilégiée nommée « *avantage scalaire* ». En effet, quand deux acteurs

---

[1] Gilles Ardinat, *op. cit.*, p. 31.
[2] Bill Clinton, cité par Stéphane Paquin, *La nouvelle économie politique internationale*, Paris, Armand Colin, 2008, pp. 177-178.

agissent à des échelles différentes, celui qui inscrit son action à une échelle supérieure bénéficie d'un avantage certain dans la négociation[1]. Sont mis en exergue ici, la nature profonde de l'État et des firmes, leur rapport à l'espace, leur différence scalaire et le lien entre mobilité spatiale et pouvoir. Alors que le premier considère son ancrage dans une aire géographique bornée par les frontières nationales et sa dépendance vis-à-vis de cet espace (fixité géographique) comme relevant de l'ordre naturel des choses, les secondes valorisent l'hypermobilité, envisagée comme un moyen de transgresser et de résister à l'ordre établi par les instances enracinées dans les frontières nationales ;

- l'impitoyable concurrence entre firmes – conservation et/ou accroissement des parts de marché –, poussée dans ses retranchements les plus ultimes amène ces dernières à jouer un rôle politique énorme au sein de l'État d'accueil. Usant de pressions directes (association étroite avec le pouvoir en place, renversement des gouvernements remettant en question leur position dominante)[2] et indirectes (lobbying), elles essayent de mettre au pouvoir des acteurs qui s'efforceront de satisfaire leurs demandes. Souvent, les hommes politiques à l'impuissance grandissante sont obligés d'admirer en spectateur les politiques autonomes mises en branle par les firmes. Il s'ensuit un climat de suspicion entre l'État qui voit son autonomie politique se réduire comme peau de chagrin et les firmes capables de faire et de défaire des gouvernements au point de devenir des « *États dans l'État* ».

Ce climat de tensions et de rapports de force est en partie à l'origine de la légitimation de mesures protectrices

---

[1] Pour plus de détails sur le concept d'avantage scalaire, lire, Gilles Ardinat, *op. cit.*, pp. 30-34.
[2] À titre d'illustration on peut relever l'implication de la firme étasunienne United Fruit dans les coups d'État en Amérique centrale et latine, le soutien octroyé au pouvoir central nigérian lors de la guerre du Biafra entre 1967 et 1970.

discriminantes telles que les pressions fiscales, les tracasseries administratives, les barrières d'accès au marché, le protectionnisme, le nationalisme économique et le patriotisme économique[1], prises par l'État pour conserver et accroitre sa position sur les scènes nationale et internationale. Oui, l'État n'est pas mort ! Il dispose toujours par devers lui de nombreux instruments de résistance qui lui permettent de construire et d'entretenir le « *besoin d'État* » chez les multinationales.

Afin d'éviter d'être perçues comme une menace par les États, certaines firmes multinationales se positionnent de plus en plus comme des « *entreprises désirables* » en faisant coïncider, au moins momentanément, leurs intérêts avec ceux de l'État d'accueil. Exprimé autrement, elles s'assurent de la pertinence de leur comportement par rapport aux intérêts des États avec qui elles interagissent. Ainsi, elles mobilisent plusieurs ressources de légitimité qui leur assurent une rente de situation, moins facile à réduire ou à faire disparaître parce qu'elle diminue leur interchangeabilité. L'enjeu étant d'obtenir de la part de l'État d'accueil un comportement favorable à la poursuite et la réussite de leurs entreprises.

C'est dans cette logique que CIMAF veut accorder une priorité à l'embauche locale : « *Nous privilégions l'embauche locale lorsque les lois le permettent* »[2], stipule la politique d'emploi de l'entreprise. Cette politique fait corps avec l'ambition du

---

[1] Le protectionnisme est une politique économique interventionniste menée par un État ou un groupe d'États, consistant à protéger ses producteurs contre la concurrence des producteurs étrangers. Le nationalisme économique est un ensemble de politiques qui mettent l'accent sur le contrôle interne de l'économie, du travail, et la formation de capital, même si cela nécessite l'imposition de droits de douane et autres restrictions à la circulation de la main-d'œuvre, des biens et des capitaux. Le patriotisme économique désigne un comportement spécifique du consommateur, des entreprises et des pouvoirs publics consistant à favoriser le bien ou le service produit au sein de leur nation ou de leur groupe de nations.
[2] Source : http://www.cimentsafrique.cm/politiques-emploi, consulté le 01/11/2015.

gouvernement camerounais de ramener le sous-emploi de 75,8% à moins de 50% en 2020 avec la création de dizaines de milliers d'emplois formels par an dans la période 2010-2020[1]. Il faut rappeler que le marché du travail au Cameroun comprend deux types de secteurs : le secteur structuré (public et privé formel) et le secteur non structuré (informel). Sur une population active occupée estimée à environ huit millions de personnes, moins d'un million sont employées dans le secteur structuré (moins de deux cent mille dans le secteur public et environ huit cent mille dans le secteur privé formel), le reste, environ 90% de la population active occupée, se retrouve dans le secteur non structuré[2]. Dans ce contexte de sous-emploi prédominant, la création d'emplois formels par CIMAF prend une dimension stratégique nouvelle auprès des autorités dirigeantes, soulignée par l'inefficacité des politiques publiques menées jusqu'ici dans le domaine de l'emploi au Cameroun.

Par ailleurs en mettant en place une industrie manufacturière, CIMAF permet à l'État du Cameroun de lutter contre la « *primitivisation* »[3] de son économie. « *Qu'on interdise à tous les Noirs de tisser le lin ou la laine, de filer ou de peigner la laine, ou encore de travailler dans la sidérurgie ou la métallurgie, que ce soit pour fondre le métal ou pour le transformer en différentes sortes de barres métalliques ; qu'on leur interdise aussi de fabriquer des chapeaux, des bas, ou des cuirs de toutes sortes [...] Car, s'ils établissent des manufactures et que le gouvernement se trouve ensuite*

---

[1] Voir. Document de Stratégie pour la Croissance et l'Emploi. Cadre de référence de l'action gouvernementale pour la période 2010-2020, République du Cameroun, août 2009, p. 55.
[2] Pour les chiffres, voir, Document de Stratégie pour la Croissance et l'Emploi..., *Ibid.*, p. 89.
[3] L'expression est de Erik S. Reinert, *Comment les pays riches sont devenus riches et pourquoi les pays pauvres restent pauvres*, Paris, Éditions du Rocher, 2012, p. 313. La primitivisation se produit quand un marché du travail n'a plus les activités essentielles de la ville (activités à rendements croissants) et que les êtres humains sont renvoyés de force dans les activités à rendements décroissants (spécialisation dans la production de matières premières). Cf. Erik S. Reinert, *Ibid.*, p. 321.

dans la necessité de stopper leur progrès ne nous devons pas nous attendre à ce que cela se passe aussi facilement qu'aujourd'hui »[1]. Cette affirmation de Joshua Gee tenue au XVIIIe siècle perdure encore aujourd'hui dans la pratique. À la vérité, l'ordre économique international contemporain a pour fondement la doctrine de l'avantage comparatif de David Ricardo. Elle stipule qu' une nation devrait se spécialiser dans l'activité économique où elle est la moins inefficace. Cette théorie représente l'économie mondiale comme un processus de troc d'heures de travail, dépourvues de toute compétence ou autres caractéristiques. Une heure de travail dans la Silicon Valley aux Etats-Unis est égale à une heure de travail dans une plantation de maïs au Cameroun. Parce que, toutes les activités économiques sont équivalentes et de qualité identique, comme vecteurs de croissance et de bien-être[2]. Dans la théorie ricardienne, l'économie ne va nulle part, il n'y a pas de progrès et, par conséquent, rien à imiter. Avec sa confiance déclarée dans l'avantage comparatif en tant que solution aux problèmes des pays pauvres, le Consensus de Washington a catégoriquement interdit la boîte à outils de l'émulation, qui a eu d'impressionnants succès sur les cinq cents dernières années, de la fin des années 1400 au Plan Marshall des années cinquante et soixante[3].

La principale conséquence de cette doctrine pour les pays pauvres est la « *spécialisation dans la pauvreté et dans l'ignorance* ». Or toutes les nations qui sont passées de la pauvreté à la richesse ont appliqué une économie alternative basée sur l'expérience et désignée collectivement par le terme *Autre Canon*[4]. L'*Autre Canon* parvient à reconnaître l'importance

---

[1] Joshua Gee, cité par Erik S. Reinert, *op.cit.*, p. 313.
[2] Pour plus de détails sur la théorie ricardienne, lire, David Ricardo, *The Principles of Political Economy and Taxation*, London, John Murray, 1817.
[3] Cf. Erik S. Reinert, *op. cit.*, p. 147.
[4] L'Autre Canon est conçu comme un concept réunissant des approches et des théories économiques qui utilisent des phénomènes observables, l'expérience et le fait d'en tirer des leçons comme point de départ pour les théories de

des *rendements croissants*, des *innovations technologiques* et des *synergies*. Facteurs qui, agissant ensemble sont des vecteurs de développement.

Primo, tous les biens et services ne sont pas produits selon des rendements croissants à mesure que la production se développe[1]. L'énoncé de la loi des *rendements décroissants* est le suivant : *pour un état des techniques donné, si l'on emploie une quantité croissante d'un facteur, tous les autres facteurs étant fixes, la productivité marginale de ce facteur finit nécessairement par décroître*[2]. Pour comprendre cette necessité, il suffit d'imaginer une plantation quelconque de maïs dans laquelle on recrute un ouvrier supplémentaire chaque jour. Les premiers jours, les ouvriers sont trop peu nombreux pour tirer le meilleur parti des équipements disponibles. Chaque ouvrier supplémentaire augmente alors la productivité davantage que ses prédécesseurs parce qu'il permet une utilisation plus complète du capital jusqu'au moment où on atteint le rapport techniquement idéal entre le nombre de travailleurs et le capital disponible. Alors que se développe la production, arrive un moment où plus d'unités du même intrant – ouvrier – produiront des quantités toujours plus petites de la nouvelle production. En d'autres termes, si l'on met de plus en plus d'ouvriers dans le même champ de maïs, à un moment donné, chaque nouvelle personne produira moins que la dernière unité ajoutée.

A contrario, lorsque la production augmente dans l'industrie manufacturière, l'évolution des coûts va dans le sens inverse – ils baissent au lieu d'augmenter. Une fois que la production mécanisée a été mise en place, plus le volume de la production est important, moins élevé est le coût de l'unité

---

l'économie. Cf. Erik S. Reinert, *op. cit.*, p. 159. L'*Autre Canon* est conçu comme point de référence pour « l'économie réelle », et est également un réseau d'économistes.
[1] Erik S. Reinert, *Ibid.*, p. 247.
[2] Voir, Jacques Généreux, *Les Vraies Lois de l'économie*, Paris, Éditions du Seuil, 2005, p. 263.

produite. Le premier exemplaire d'un produit Microsoft peut coûter cent millions de dollars à produire ; les deux cents millions d'exemplaires suivants – s'ils sont distribués électroniquement – peuvent coûter seulement quelques cents, voire moins cher à produire et à distribuer. Des coûts fixes élevés créent des économies d'échelle ou rendements croissants importants. La première loi – loi des rendements décroissants – s'applique aux pays qui, comme le Cameroun se sont spécialisés dans l'approvisionnement en matières premières, au reste du monde. La seconde – celle des rendements croissants – s'applique aux industies manufacturières comme CIMAF. CIMAF permet dès lors au Cameroun de diversifier son économie, d'augmenter la contribution du secteur secondaire dans le taux de croissance du PIB et de passer des avantages comparatifs naturels aux avantages comparatifs artificiels. Ceci confirme une théorie formulée par Abramo Fimo Kenneth Organski. Décrivant ce qu'il appelle la « *transition de puissance* », il constate qu' « *au fur et à mesure que chaque pays entre dans le processus d'industrialisation [...] il amorce un sprint soudain dans la course à la puissance, laissant loin derrière les pays qui ne se sont pas encore industrialisés et comblant la distance avec les pays qui se sont industrialisés avant lui. S'il s'agit d'un pays originellement de grande taille, son sprint peut bouleverser l'ordre international existant.* »[1].

Secundo, des activités différentes ont des potentiels différents d'innovation technologique et de croisssance de la productivité[2]. Comme disait une formule en vogue chez les experts américains de politique industrielle dans les années 1980, « *cessons de faire comme si c'était pareil, de produire des potato chips, des wood chips ou des microchips [des frites, des copeaux ou des puces informatiques]* »[3]. La nouvelle technologie et les innovations

---

[1] Abramo Fimo Kenneth Organski, cité par Pierre Buhler, *La puissance au XXIe siècle. Les nouvelles définitions du monde*, Paris, CNRS ÉDITIONS, 2011, p. 320.
[2] Lire, Ha-Joon Chang, *2 ou 3 choses que l'on ne vous dit jamais sur le capitalisme*, Paris, Éditions du Seuil, octobre 2012, pp. 118-119.
[3] *Ibid.*, p. 119.

exigent et créent des nouvelles connaissances, en produisant des activités économiques caractérisées par des hauts niveaux de connaissance et de revenus[1]. L'exemple suivant nous montre pourquoi. Dans le marché des balles de base-ball destinées au sport national de l'Amérique, c'est en Haïti, au Honduras et au Costa Rica qu'on trouve les producteurs les plus compétents du monde. Les balles de base-ball sont encore cousues à la main, comme quand elles ont été inventées. Tous les ingénieurs et les capitaux des États-Unis n'ont pas réussi à mécaniser la production de balles de base-ball. Les salaires des meilleurs producteurs de balles de base-ball du monde sont misérables. En Haïti, ils tournent autour de 30 cents de l'heure, certains rapports avancent des chiffres s'élevant jusqu'à 14 cents de l'heure au milieu des années 1990. Chaque balle est cousue à la main avec 108 points et chaque ouvrier est capable de coudre quatre balles de base-ball par heure. Cela est fait à la main mais doit satisfaire les exigences de précision d'un produit fait à la machine. Les balles se vendent au détail aux USA à environ, 15 dollars chacune.

Les balles de golf, à l'inverse, sont un produit de haute technologie, et on peut trouver un grand producteur – qui représente à lui seul 40 % de la production américaine – dans la vieille ville baleinière de New Bedford, dans le Massachussetts. La recherche et le développement jouent des rôles importants dans la production. Les salaires de production dans la région de New Bedford se situent entre 14 et 16 dollars de l'heure. La différence entre les niveaux de salaire dans ces deux secteurs industriels – l'industrie des balles de base-ball et celle des balles de golf – est une conséquence directe de l'inégalité de développement technologique. La pauvreté en Haïti et la richesse des États-Unis sont, pour ces deux pays, à la fois une cause et une conséquence du choix de production qu'ils ont fait[2]. Étant un secteur où le changement technologique et l'innovation

---

[1] Erik S. Reinert, *op. cit.*, p. 254.
[2] *Ibid.*, pp. 252-253.

sont de mise, l'industrie du ciment favorise le développemnt continu de nouvelles connaissances et empêche au Cameroun de sombrer dans les impasses technologiques.

Le troisième facteur qui permet d'expliquer la richesse, à savoir les effets synergiques entre les secteurs, est très ignoré au Cameroun. Bien plus, éduquer davantage en soi n'enrichira pas ce pays[1]. Une politique en matière d'éducation doit être associée à une politique industrielle qui crée de la demande pour les diplomés[2]. Ce qui distingue réellement les pays riches des pays pauvres, ce n'est pas tant le niveau d'instruction de leurs habitants pris individuellement que leur niveau d'organisation dans des entités collectives à forte productivité – qu'il s'agisse de firmes géantes comme Boeing ou Volkswagen ou de PME de catégorie mondiale comme en Suisse et en Italie. Le développement de ces entreprises nécessite le soutien d'une gamme d'institutions qui encouragent l'investissemnent et la prise de risque : un régime commercial qui protège les « *industries naissantes* » et aide les entreprises qui s'y trouvent à grandir ; un système financier capable de fournir le « *capital patient* » nécessaire aux investissements qui renforcent la productivité à long terme ; des institutions qui donnent une deuxième chance aux capitalistes (un bon code de faillites) comme aux salariés (un bon Etat-providence) ; des aides et des réglementations publiques pour soutenir la recherche-développement et la formation etc[3]. L'arrivée de CIMAF ouvre une « *fenêtre d'opportunité* »[4] pour les effets synergiques entre le gouvernement, l'industrie et l'université au Cameroun. La

---

[1] On lira avec le plus grand bénéfice, Ha-Joon Chang, *op. cit.*, pp. 225-238.
[2] Erik S. Reinert, *op. cit.*, p. 257.
[3] Ha-Joon Chang, *op. cit.*, p. 237.
[4] Il faut comprendre par « fenêtre d'opportunité » les situations dans lesquelles des normes fixées sont mises en question et s'affaiblissent, de sorte qu'elles sont susceptibles de changement. Voir. Maciej Wilga, « Le constructivisme dans le domaine de l'intégration européenne », p. 74, http://altitona.hautetfort.com/files/Constructivisme.pdf, consulté le 14/04/2014.

priorité accordée par CIMAF à l'embauche de la main d'œuvre locale hautement qualifiée est une ressource permettant d'une part au gouvernement camerounais de mettre en œuvre une politique éducative associée à une politique industrielle qui crée de la demande pour les personnes instruites et, d'autre part, aux institutions universitaires de fournir des produits prêts à l'emploi.

En outre, il faut relever que le secteur du ciment au Cameroun n'est guère un long fleuve tranquille. Il est occupé par un joueur traditionnel – CIMENCAM – et, de nouveaux joueurs qui arrivent au Cameroun en rang dispersé. Chacun d'eux étant engagé dans une « *guerre multilatérale* »[1] au Cameroun, c'est-à-dire qu'il est obligé de combattre sur plusieurs fronts. Ces différents joueurs peuvent être repartis en deux groupes.

Le premier groupe est formé par le joueur traditionnel qui dispose d'une longueur d'avance (prime au premier entrant). Il est en position de supériorité[2] et, poursuit un but fondamentalement négatif : le maintien du statu quo – la préservation de sa position au sein de l'économie camerounaise. Il bénéficie à cet effet des ressources de la défensive (connaissance du terrain, maillage territorial densifié, connaissance des consommateurs camerounais et avantage d'attendre les concurrents) et, emploie des méthodes positives en vue d'un but négatif. C'est dans cette perspective que l'on peut analyser le projet « *cimenterie de Nomayos* » du groupe Lafarge lancé le 23 septembre 2011 et visant à faire passer la capacité de production globale annuelle de CIMENCAM de 1,6 à 2,2 millions de tonnes de ciment. Si l'enjeu manifeste est de

---

[1] L'expression est de Paul Kennedy, *Naissance et déclin des grandes puissances. Transformations économiques et conflits militaires entre 1500 et 2000*, Paris, Éditions Payot, 1991, p. 120.
[2] CIMENCAM est actuellement le leader du marché du ciment au Cameroun avec une production globale annuelle de 1,6 millions de tonnes.

mieux faire face à l'augmentation continue de la demande nationale et sous-régionale en ciment, l'enjeu latent est de montrer aux concurrents sa maîtrise et sa possession du theâtre d'opération. Une relation mécanique qui reconnaît un lien automatique entre l'arrivée de nouveaux entrants et la tentative de limitation du nombre de concurrents par l'acteur traditionnel peut dès lors être établie entre l'élévation de barrières à l'entrée par le groupe Lafarge – construction d'une nouvelle cimenterie – et le principe d'incertitude[1].

Le deuxième groupe est structuré par les nouveaux joueurs présents et avenirs qui, poursuivent un but positif : la modification du rapport de force – la conquête d'une position enviée au sein de l'économie camerounaise. Ils s'appuient sur les avantages de l'offensive (supériorité morale, liberté d'action) et leur force de frappe. Car, pour être en position favorable dans un affrontement économique, il faut savoir montrer sa force[2]. Parmi ceux-ci figure Dangote Cement qui, en 2013, faisait montre de son souhait de voir Dangote Cement Cameroon suivre les traces de son usine d'Ibese – d'une capacité de 12 million de tonnes, au sud-ouest du Nigeria[3] –, ne cachait pas son ambition de prendre à Lafarge 30% du marché camerounais du ciment en 2015[4] et, annonçait la même année la construction d'une deuxième cimenterie dans la banlieue de Yaoundé, d'une capacité de production égale à celle de Douala (1,5 million de

---

[1] Le principe d'incertitude est le fait de faire monter le doute, le trouble chez l'adversaire avec pour but final d'abattre sa volonté. Éric Le Deley, « L'intelligence économique au service des négociateurs », dans Christian Harbulot (dir.), *Manuel d'intelligence économique*, Paris, Presses Universitaires de France, 2e édition mise à jour, 2015, p. 328.
[2] Christian Harbulot, *Sabordage. Comment la France détruit sa puissance*, Paris, Éditions François Bourin, 2013, p. 134.
[3] « Nous travaillerons à Douala comme nous le faisons à Ibese. Notre objectif, c'est de toujours progresser dans la production », affirme Sunday Adondua, directeur adjoint en charge de la production à la cimenterie d'Ibese. Cf. *Investir au Cameroun*, n°20, novembre 2013.
[4] Lire, *Investir au Cameroun*, n°37, mai 2015.

Instruments et stratégies...

tonnes par an). Soulignons également l'entrée de Medcem Cameroun dans le jeu avec d'une part une cimenterie dotée d'une capacité de production de 600 000 tonnes extensible à 1 000 000 de tonnes par an et, d'autre part, une ambition affirmée de ravir la deuxième place sur le marché camerounais du ciment en 2018[1].

Afin de ne pas perdre la face[2] vis-à-vis de ses concurrents, c'est-à-dire ne plus apparaître à leur endroit comme un rival sérieux au Cameroun, CIMAF a construit une cimenterie dotée d'une production annuelle estimée à 500 000 tonnes par an, extensible à 1 000 000 de tonnes. Cette aptitude à contre-attaquer en doublant sa production fait échos à une idée unanimement admise par les stratégistes : « *la meilleure défensive est celle qui est animée du plus fort esprit offensif* »[3]. En créant des conditions et des rapports de force favorables au maintien de son « *conatus* »[4], CIMAF opérationnalise le principe de foudroyance qui a pour but non de tout détruire, mais de briser le rythme ou les rythmes de l'adversaire dans ses diverses activités, de façon à l'empêcher de se reprendre et à le tenir en

---

[1] Brice R Mbodiam, « Le couple Eren Holding-Quifeurou vise la 2ème place sur le marché camerounais du ciment en 2018 », http://www.investiraucameroun.com/entreprises/1912-8330-le-couple-eren-holding-quifeurou-vise-la-2eme-place-sur-le-marche-camerounais-du-ciment-en-2018, consulté le 29/01/2017.
[2] La face se définit comme la valeur sociale positive à laquelle un individu prétend pour lui-même à travers la ligne de conduite que les autres présument qu'il a adoptée dans un contact quelconque. C'est une image du « self » tracée en termes d'attributs sociaux approuvés, mais une image qui peut être partagée par les autres. Voir, Jacques Rojot, *Théorie des organisations*, Paris, Éditions ESKA, 2003, p. 334.
[3] Hervé Coutau-Bégarie, *op. cit.*, p. 381.
[4] Le terme conatus désigne chez Benedictus de Spinoza la tendance, l'effort, la pulsion qui pousse chaque existant à persister dans son être. Yves Citton, *op. cit.*

retard permanent sur l'action[1]. L'offensive de CIMAF repose également sur diverses stratégies qu'il convient d'analyser.

Le déploiement de stratégies variées

La conquête du marché camerounais est un champ d'action intéressant pour des acteurs intéressés. Ceux qui y participent ont des enjeux qui démontrent que ce champ d'action les intéresse au sens propre du terme, et ils ne peuvent pas se désintéresser de ce qui s'y passe, notamment des comportements des autres acteurs par rapport auxquels ils doivent se situer et se positionner. Et, pour pouvoir le faire, ils sont tout naturellement conduits à se soucier de leur propre marge de manœuvre comme des incertitudes qui leur permettront de développer leur capacité d'action face aux autres, quels que soient par ailleurs les « *objectifs* » ou intérêts au service desquels ils voudront utiliser cette capacité d'action[2]. S'agissant de CIMAF, son comportement est l'expression d'intentions, de réflexions, d'anticipations et de calculs et n'est en aucun cas entièrement explicable par des éléments antérieurs. Autant de données qui l'érigent en acteur stratégique[3]. Car elle est un acteur calculateur agissant de façon rationnelle en finalité. C'est la raison pour laquelle elle déploie des stratégies variées : mobilisation de la coopération Sud/Sud et de la diplomatie économique, usage de « *coups stratégiques* »[4] envers ses concurrents.

---

[1] Éric Le Deley, *op. cit.*, p. 328.
[2] Pour plus de détails sur la notion de «champ d'action intéressant pour des acteurs intéressés », lire, Erhard Friedberg, *Le Pouvoir et la Règle. Dynamiques de l'action organisée*, Paris, Editions du Seuil, avril 1993, pp. 259-270.
[3] Pour plus de détails sur la notion d' « acteur stratégique », voir, Erhard Friedberg, *Ibid.*, pp. 193-220.
[4] Les coups stratégiques sont « des actions visant à influencer le choix de l'adversaire envers soi-même en jouant sur l'attente de ce dernier face au choix

L'usage de la coopération Sud/Sud et de la diplomatie économique

Dans la mesure ou elles reconcilient l'économique et le politique, ou elles soulignent les liens d'interdépendance reliant État et firmes multinationales, l'économie politique internationale et la perspective transnationaliste nous aiderons à comprendre comment le Maroc et CIMAF mutualisent leurs efforts afin d'atteindre leurs buts au Cameroun. Grâce à une batterie de ressources spécifiques dont-il maîtrise seul l'usage, l'État « *facilitateur* » « *économicise* » sa politique en planifiant et conduisant les expéditions qui ouvriront les grands marchés à son champion national. Celui-ci quant à lui politise son économie en reconnaissant et en incorporant dans sa stratégie les outils mis à sa disposition par le politique. C'est dans cette optique que les stratégies de CIMAF au Cameroun épousent les contours de la stratégie globale de conquête de l'Afrique édictée par l'État du Maroc. En effet, pour consolider son enracinement, renforcer sa place et accroître son influence en Afrique, le Maroc met en musique la Coopération Sud/Sud et la diplomatie économique. Dans la mise en œuvre de chacune de ces stratégies le Maroc interagit étroitement avec son secteur privé. C'est donc dire qu'au Cameroun, acteurs publics et privés marocains « *jouent collectif* », « *chassent en meute* » et « *gagnent en équipe* ». Il est de bon aloi de préciser que ce jeu collectif s'observe également dans la stratégie concertée qui unit les entreprises marocaines dans les expéditions qu'elles mènent à l'étranger. Une illustration nous est fournie par l'esprit de corps qui lie le Groupe Addoha aux banques marocaines implantées en Afrique : Attijariwafa bank, BMCE Bank et le Groupe Banque Populaire[1].

---

que l'on fera », Thomas Schelling, cité par Guillaume Devin, *Sociologie des relations internationales*, Paris, La Découverte, 2002, p. 37.
[1] En Côte d'Ivoire par exemple, 40% de l'investissement destiné à la construction de la cimenterie CIMAF ont été réalisés en fonds propres, tandis que 60% ont été réalisés par le financement bancaire, à travers les trois banques

La coopération Sud/Sud

La coopération Sud/Sud agissante et solidaire du Maroc repose sur certains fondamentaux: le soutien au développement durable, la valorisation des compétences humaines et l'implication croissante du secteur privé ainsi que de nouveaux acteurs dans les efforts de transfert de savoir faire et de partage d'expertise[1]. Ce dernier aspect nous intéresse au plus haut point. Car, le partage des expériences dans les secteurs à forte utilisation de technologies, a toujours été une valeur importante dans les relations de coopération du Maroc avec les pays africains[2]. Partant, CIMAF transfère son savoir faire à son personnel à travers une formation de base au Maroc et une formation continue du nouveau personnel[3].

Le transfert du « *Know How* » est un vecteur de l'influence de CIMAF au Cameroun. D'abord, il permet de construire une « *identité collective* »[4] entre les employés camerounais et l'entreprise. Identité qui, est le socle de la création d'une communauté de pensée et d'action d'une part, et de l'installation de relations durables, de confiance et de fidelité. L'idée que nous mettons en emphase à ce niveau se résume comme suit : CIMAF ne se conçoit pas comme un lieu de travail où prédomine la rationalité économique, mais comme une grande famille où la rationalité économique interfère avec la

---

marocaines implantées en Afrique, à savoir Attijariwafa Bank, BMCE, via Bank Of Africa, et Banque Populaire. Cf. *Les Afriques* du 24 au 30/11/2011.
[1] Voir, Diplomatie marocaine en Afrique : Une approche renouvelée au service d'une priorité stratégique, Ministère des Affaires Etrangères et de la Coopération du Royaume du Maroc, 10 août 2012.
[2] *Ibid.*
[3] Source : http://www.cimentsafrique.cm/developpement-durable, consulté le 01/11/2015.
[4] L'identité collective (collective identité) a trait à l'identification qui existe entre deux ou plusieurs Etats, lorsque *ego* ne considère plus *alter* comme autrui, mais comme une part de lui-même, et à l'égard de qui il se comporte non plus de façon égoïste mais altruiste, Dario Battistella, *op. cit.*, p. 284.

Instruments et stratégies...

logique de solidarité[1]. La logique de solidarité se manifeste par un système de droits et d'obligations que les membres de l'organisation ont les uns envers les autres. Il s'agit, pour le groupe, de l'obligation d'assurer collectivement la protection et l'épanouissement de chacun de ses membres. L'épanouissement de chaque employé passe par la mise en place d'une organisation « *apprenante* » au sens de Philippe Moati[2]. En effet, la pérennité des entreprises d'aujourd'hui dépend de plus en plus de l'engagement des entreprises envers le développement des compétences de leurs employés. C'est une condition *sine qua non* pour retenir et préparer la relève dans les entreprises et particulièrement, celles des pays africains. Une telle orientation permet de comprendre pourquoi CIMAF met en avant la sécurité, le bien-être et le renforcement permanent du niveau de qualification de son personnel. Il apparaît en réalité comme un important instrument de consolidation de l'esprit coopératif entre l'organisation et le salarié. La première assure l'épanouissement professionnel du second et, celui-ci développe un sentiment de loyauté à l'endroit de l'entreprise qu'il perçoit comme une « *seconde famille* ». Ce sentiment de loyauté nourrit un « *esprit de groupe* » qui amène l'employé à être directement intéressé par le succès de l'entreprise (alignement de l'employé sur les objectifs de l'entreprise), à resister aux actions hostiles de la concurrence (pratique du débauchage, actes d'espionnage, vol d'information stratégique, vente d'un secret de fabrication à un concurrent, etc.).

Ensuite, il favorise l'exportation des valeurs, normes et standards de l'entreprise au Cameroun. Les employés camerounais qui iront recevoir leur formation au Maroc seront non seulement immergé dans l'entreprise au Maroc, mais aussi

---

[1] La suite de ce paragraphe s'inspire surtout de l'article de Alidou Ouédraogo, Jacob Atangana-Abé, « Culture stratégique africaine », dans Franck Tannery et al (dir.), *op. cit.*, Chapitre 17.
[2] Pour plus détails sur le concept d'organisation apprenante, lire, Philippe Moati, *La nouvelle révolution commerciale*, Paris, Odile Jacob, 2011, pp. 44-45.

dans la culture marocaine. De retour au Cameroun, ils seront empreints des valeurs, des attitudes et des modes de pensée de l'entreprise et du Maroc. Ils seront des prescripteurs des valeurs marocaines au sein de leurs sociétés d'appartenance.

Enfin, il est une marque forte de CIMAF qui, en partageant ses concepts, sa doctrine et ses « *best practices* » (initiatives réussies) construit sa réputation d'excellence auprès du Cameroun. Cette culture du partage octroie évidemment un avantage stratégique à CIMAF, exprimé en termes d'image, de séduction et d'attraction.

La diplomatie économique

L'intensité et la rugosité de la compétition internationale oblige l'État conquérant à mener les batailles économiques aux côtés des entreprises nationales. Cette antienne est porteuse d'une vision utilitariste qui fait apparaitre la dilpomatie économique comme un instrument du front économique au service de l'intérêt national. Définie par Amine Dafir comme « *l'ensemble des mécanismes et pratiques adoptés par des acteurs, publics ou privés dans le but de réaliser les objectifs économiques d'un État par le recours à des moyens politiques, ou de réaliser les objectifs politiques par le recours à des moyens économiques* »[1], la diplomatie économique est de plus en plus associée à la stratégie de développement et d'expansion des entreprises[2].

Le Maroc la mobilise pour accompagner ses champions nationaux dans leur conquête des marchés. Elle est impulsée

---

[1] Amine Dafir, cité par Amine Dafir et Karima Haoudi, « La diplomatie économique et l'insertion internationale de l'économie marocaine », dans *International Journal of Innovation and Applied Studies*, Vol 6, N° 4, July 2014, p. 853.
[2] François Pitti parle même de diplomatie économique des entreprises. Lire, François Pitti, « La diplomatie économique des entreprises », dans *Géoéconomie*, 2011/1, n° 56, pp. 105-118.

depuis le sommet par le roi qui s'est personnellement investi d'une mission de « *commercial* » de l' « *entreprise Maroc* » où qu'il se trouve. Depuis son intronisation en 2001, Mohammed VI a fait émerger une diplomatie des contrats[1] qui lie désormais la fonction royale à celle de courtier des intérêts économiques marocains. Lors de sa tournée royale en Afrique en 2014, on l'a vu intégrer le secteur privé dans la délégation officielle qui l'accompagnait et, favoriser la signature d'accords bilatéraux partout où il a fait escale. Il faut ajouter que le roi n'agit pas seul. Il est épaulé par un dispositif de combat qui comprend : le Ministère des Affaires Étrangères et de la Coopération, l'agence marocaine de Développement des Investissements, le Centre Marocain de Promotion des Exportations « *Maroc export* », la maison de l'Artisanat, un réseau de représentations diplomatiques et consulaires implantées à l'étranger, des conseillers économiques etc. Mentionnons au surplus l'existence d'une cellule de veille stratégique au sein de la direction des études du Ministère des Affaires Étrangères et de la Coopération du Maroc. Cette entité a comme rôle, la centralisation et l'étude des informations à caractère stratégique collectées par les ambassades marocaines[2]. Rien de nouveau sous le soleil, diront certains. Si l'étude de l'histoire permet de relever une union entre activité diplomatique et recueil de l'information économique, il ne faudrait pas omettre de souligner que l'époque actuelle se caractérise par la complexité, l'incertitude du marché. Ce n'est plus la collecte de l'information, de toute l'information qui importe de nos jours, mais la bonne maîtrise de l'information stratégique. C'est pourquoi l'Association

---

[1] La diplomatie des contrats est une diplomatie qui a pour objectif d'instrumentaliser l'appui politique et économique pour la signature de grands contrats au profit des grands investisseurs nationaux. Amine Dafir, « La diplomatie économique marocaine en Afrique subsaharienne : réalités et enjeux », dans *Géoéconomie*, 2012/4, n° 63, p. 77.

[2] Amine Dafir, « La diplomatie économique et l'insertion internationale : le cas du Maroc », dans Jean-Crépin Soter Nyamsi (dir.), *L'Afrique et son développement. Réalités complexes et nouveaux enjeux, dans un monde en transformation,* Paris, L'Harmattan, 2013, p. 97.

Marocaine d'Intelligence Économique (AMIE) milite en faveur de l'instauration d'un sytème national d'intelligence économique dont l'une des fonctions sera de rassembler, trier, traiter, mettre à la disposition des entreprises marocaines une banque de données stratégiques utiles à leur expansion en Afrique.

L'acteur agissant au Cameroun est l'Ambassade du Royaume du Maroc qui, à travers Lahcen Sail[1] joue un rôle primordial en matière d'accompagnement des entreprises marocaines qui ont toutes besoin qu'on leur facilite l'accès au marché. C'est donc logiquement qu'interrogé sur la montée en puissance de la diplomatie économique marocaine au Cameroun ce dernier affirme : « *[...] Mais vous savez que comme tout pays, le Royaume a une stratégie claire et une politique étrangère tracée pas Sa Majesté le Roi, que nous comptons bien mener à bon terme. [...] Des investissements sont en cours de finalisation (usine de chocolat 32.5 milliards de FCFA, cimenterie 20 milliards de FCFA), d'autres projets sont en cours de négociation. Toujours dans cette projection d'avenir que nous voulons fructueux, nous travaillons de concert et dans un climat empreint de cordialité avec le gouvernement camerounais pour faciliter et encourager les actions des opérateurs économiques ; et dans ce cadre, on s'attèle à la finalisation d'accords qui feront l'objet de signature prochainement et qui apporteront sans doute un souffle nouveau et un élan à notre coopération* »[2]. C'est dans cette optique de facilitation et d'accompagnement des opérateurs économiques marocains au Cameroun que Lahcen Sail a conduit la délégation d'investisseurs du groupe Addoha, lors de la cérémonie de la pose de la première pierre de Ciments de l'Afrique Cameroun SA, le 19 mai 2012. Dès lors, la diplomatie économique sert, comme le remarque François Pitti « *les objectifs clés des entreprises, au premier chef desquels la*

---

[1] Ambassadeur du Royaume du Maroc au Cameroun.
[2] Lahcen Sail, interviewé par Thierry Ndong, « Interview de Lahcen Sail, ambassadeur de sa Majesté le Roi du Maroc », http://www.journalducameroun.com/article.php?aid=11609, consulté le 01/11/2015.

valorisation globale de la société »[1]. Dans le même cadre, les journées économiques maroco-camerounaises sont des réseaux d'interconnaissance par la construction et la légitimation des alliances interpersonnelles. Elles légitiment les liens amicaux et, favorisent par le biais des rencontres B to B et B to G[2] le *people to people contacts* et les échanges en *peer to peer (P2P)* entre les opérateurs économiques marocains et leurs homologues camerounais d'une part, et entre les opérateurs économiques marocains et les responsables des administrations camerounaises d'autre part.

Se greffent à la coopération Sud/Sud et à la diplomatie économique, des « *coups stratégiques* » que CIMAF donne à ses concurrents au Cameroun.

L'adoption des « coups stratégiques » envers ses concurrents

CIMAF construit des différences afin de se démarquer de ses concurrents au Cameroun. Pour ce faire, elle s'emploie à produire ce qu'elle a d'exclusif-inclusif[3]. L'exclusif étant dans cette logique une ressource pour un plus grand potentiel d'inclusion. En clair, il s'agit pour elle de démontrer ce qu'elle a de plus exclusif par rapport à ses concurrents afin d'inclure le plus grand nombre de clients. Cette stratégie constitue des

---

[1] François Pitti, *op. cit.*, p. 107.
[2] L'expression « business to business » (« B2B », ou « commerce B to B ») désigne l'ensemble des activités d'une entreprise visant une clientèle d'entreprises. On l'appelle aussi « commerce interentreprises ». L'expression B to G désigne l'ensemble des activités ou des actions de communication réalisées par des entreprises –« B » pour Business (professionnels) – à destination des pouvoirs publics – « G » pour Government (gouvernement).
[3] Pour plus de détails sur la recherche des complémentarités entre ces deux vocables (exclusif et inclusif) lire, Guy Hermet, « Quel espace de sens pour l'Europe ? », dans Zaki Laïdi (dir.), *Géopolitique du sens*, Paris, Desclée de Brouwer, 1998, p. 61.

« *coups* »[1] qu'elle donne à ses adversaires à travers la construction d'une marque forte.

Le rôle de la marque dans la décision d'achat est très important. La marque est en réalité un instrument d'influence savamment millimétré dont la puissance dépend de sa capacité à susciter l'adhésion. C'est la raison pour laquelle la construction d'une marque obéit à quelques principes. Selon Frank Benedic une marque forte repose sur quatre attributs : la capacité à incarner des valeurs fortes y compris auprès des non clients, la capacité à se distinguer clairement dans son environnement concurrentiel, la capacité à fidéliser ses clients sur la durée et la capacité à se déployer sur de nouveaux territoires[2]. Eu égard au fait que CIMAF n'est pas encore engagée dans une stratégie de diversification au Cameroun, seuls les trois premiers attributs feront l'objet de notre analyse.

L'incarnation des valeurs fortes

La marque est, comme l'écrit Jean-Noël Kapferer, « *le concentré d'une proposition de valeurs qui s'incarne dans des produits et des services* »[3]. Pour incarner des valeurs fortes, y compris

---

[1] Les coups sont « les actes et les comportements individuels ou collectifs qui auront pour propriété d'affecter soit les attentes des protagonistes d'un conflit concernant le comportement des autres acteurs, soit ce que Goffman appelle leur « situation existentielle » (c'est-à-dire, en gros, les rapports entre ces acteurs et leur environnement), soit encore, bien entendu, les deux simultanément, la modification de cette situation existentielle s'accompagnant presque toujours d'une transformation des attentes et des représentations que se font de la situation les différents acteurs », Michel Dobry, *Sociologie des crises politiques*, Paris, Presses de la Fondation Nationale des Sciences Politiques, 1992, pp. 21-22.
[2] Voir le document audiovisuel de Frank Benedic, « La guerre des marques : la notoriété ne fait pas la force », Xerfi/Canal, novembre 2012, disponible sur : https://www.youtube.com/watch?v=eMofooQWY1k, consulté le 01/11/2015.
[3] Jean-Noël Kapferer, cité par Vincent Bastien et al, *op. cit.*, p. 12.

auprès des non clients, CIMAF se structure autour d'un projet bien identifié et des valeurs capables de faire sens à l'intérieur et à l'extérieur de l'entreprise. Son projet stipulé ainsi qu'il suit : « *être un opérateur reconnu dans la construction, secteur stratégique pour le développement de l'Afrique, et un acteur professionnel et compétitif, qui contribue à la diversification de l'offre en ciment et au renforcement du tissu industriel continental* »[1] permet à la marque d'évoquer un imaginaire et des produits emblématiques. Dans ce projet, on peut repérer les traces de la construction de la posture de « *bâtisseur* ». À rebours d'une vision « *paresseuse* » qui fait de l'Afrique le continent de la guerre, de la misère et de toute sorte de vices, CIMAF construit un imaginaire fait de développement et, se pose en architecte, mieux, en artisan du progrès.

Née de la volonté de reproduire à travers toute l'Afrique le modèle de réussite technologique, managériale et environnementale, que représente la cimenterie Ciments de l'Atlas (CIMAT), au Maroc, CIMAF est bâtie sur les valeurs qui fondent la réussite de CIMAT au Maroc. Il s'agit de la responsabilité, de l'intégrité, de l'efficacité et de la détermination[2]. Ces valeurs font sens aussi bien à l'intérieur qu'à l'extérieur de l'entreprise. Elles s'adressent aux clients comme aux non clients. Elles fédèrent toutes les parties prenantes de l'entreprise car, l'adhésion aux valeurs et à la culture de l'entreprise est une condition de recrutement et de prospérité chez CIMAF[3].

La stratégie de différentiation

Si la marque permet de marquer les esprits des consommateurs et des non consommateurs, elle est aussi le

---

[1] Source: http://www.cimentsafrique.cm/cimaf, consulté le 01/11/2015.
[2] Pour les valeurs de CIMAT, voir, http://www.cimat.ma/nos_activites.php, consulté le 01/11/2015.
[3] Source: http://www.cimentsafrique.cm/carrieres, consulté le 01/11/2015.

moyen de se démarquer des concurrents en construisant une force immatérielle capable d'augmenter sa valeur. Dès lors, la marque « CIMAF » ne doit rien au hasard, c'est un nom-insigne qui indique les principaux traits distinctifs de l'entreprise. Le nom de l'entreprise (Ciments de l'Afrique) nous renseigne sur la stratégie de segmentation-différentiation de CIMAF (le critère de segmentation est à l'évidence d'ordre géographique). Il y a dans ce nom, l'indication d'une offre exclusive, le positionnement d'une entreprise qui veut répondre avec précision aux attentes particulières d'une clientèle par la mise en vente de produits assortis à son contexte géographique. S'étendant principalement dans la zone intertropicale, l'Afrique est le plus chaud des cinq continents avec une température moyenne annuelle supérieure à 20°C[1]. Les produits de CIMAF sont – comme nous l'avons dit plus haut – adaptés pour les pays tropicaux. Ils sont fabriqués uniquement pour les consommateurs africains. La clé du positionnement de CIMAF est « *le local pour le local* » (positionnement segmentant) et non « *le global pour le local* » (positionnement holistique)[2].

Un tel positionnement n'est pas anodin, il est *a contrario* un important levier de différentiation qui a une charge symbolique sur la construction de représentations partagées, destinées à agir sur les perceptions des consommateurs. En effet, l'importance de l'information que l'individu possède ou acquiert initialement sur les autres est en pratique cruciale car c'est sur cette base qu'il va définir la situation et constituer ses réponses. En ce sens, la projection initiale de l'individu l'engage et l'oblige inversement à abandonner toute autre prétention. Elle est très difficile à modifier quand l'interaction se déroule. Les premières impressions sont décisives. Elles projettent un plan

---

[1] Pour plus de détails sur le climat de l'Afrique, lire, Danielle Ben Yahmed, Nicole Houstin (dir.), *Atlas de l'Afrique,* Paris, Les Éditions du Jaguar, 2010, p. 18-19.
[2] Pour plus de détails sur la segmentation-différenciation, lire, Philippe Moati, *op. cit.,* pp. 100-109.

pour les activités coopératives qui suivront et viseront à éviter les perturbations tout en établissant le droit moral d'un individu qui présente certaines caractéristiques sociales d'être traité par les autres d'une certaine façon dans notre société[1]. C'est dans ce sens que CIMAF se veut en stricte conformité avec l'Afrique. Avec CIMAF c'est l'Afrique qui parle à l'Afrique, c'est l'Afrique qui répond aux besoins de l'Afrique, c'est l'Afrique qui construit l'Afrique. La primauté ici est accordée à la production de signification avec tout ce qu'elle peut véhiculer en termes de sensations, d'émotions et de motivations d'achat. L'objectif étant de créer et d'entretenir une identité assumée qui octroie un supplément d'âme aux produits que l'entreprise commercialise. Alain Juillet et Bruno Racouchot ne disent pas autre chose lorsqu'ils attestent que : « *La marque ne se résume pas à un logo, à une baseline ou à une égérie. On n'achète pas un produit – une moto en l'occurrence – mais on entre dans un club, on adhère à des valeurs, on s'approprie une part d'imaginaire et de rêve. Preuve s'il en était besoin que le cœur nucléaire d'une marque réside en son identité, une identité revendiquée, qui crée la différence, donne du sens et des repères* »[2]. Ainsi, CIMAF ne vend pas seulement du ciment au consommateur, elle lui offre une valeur immatérielle qui se décline en la possibilité de construire son identité (affirmation de son identité africaine), d'exprimer sa personnalité (contemplation de son *moi* à travers les produits) et d'adhérer à un groupe exclusif (appartenance à un club restreint revendiqué par la marque).

Le nom de l'entreprise et son logo (la lettre « *A* » au centre d'une carte de l'Afrique) font preuve de sensibilité envers l'Afrique. Prendre l'image de l'Afrique c'est tout de suite dire au consommateur : « *Nous sommes conçus pour toi* », c'est créer un lien de proximité direct et fort entre le consommateur et la marque. Car, il est plus facile pour un Camerounais et un

---

[1] Jacques Rojot, *op. cit.*, p. 337.
[2] Alain Juillet, Bruno Racouchot, « L'influence, le noble art de l'intelligence économique », dans *Communication et organisation*, 42 | 2012, p. 168.

Africain de se reconnaitre dans le logo de CIMAF que dans celui de Dangote Cement (un aigle au-dessus d'un arc de cercle[1]) et de CIMENCAM (les lettres « C » et « L » dans un quadrilatère). C'est donc dire que CIMAF est une entreprise capable de produire des préférences en Afrique et au Cameroun. Par production de préférences, il faut entendre la capacité à produire la définition d'un « Nous » opposable au reste du monde[2].

Cette capacité à fédérer Africains et Camerounais trouve son prolongement dans la présentation du CPJ 35 de CIMAF au Cameroun [3] : « *Le CPJ 35 de CIMAF est un matériau de construction de base de haute qualité, qui s'emploie dans pratiquement toutes les formes d'ouvrages en béton. Spécialement conçu pour le Cameroun, il est conforme à toutes les exigences chimiques, physiques et mécaniques prévues par la norme NC 234:209-06* »[4]. À travers cette description, on passe de l' « *africanisation* » à la « *camerounisation* » du produit. Cet intérêt pour le local qui permet au produit de mieux s'intégrer à la réalité camerounaise laisse apparaître deux desseins :

D'abord, l'activation de la fibre locale permet au consommateur d'acheter facilement un produit qui lui parle directement.

Ensuite, la camerounisation du produit favorise son appropriation par les Camerounais et permet l'adhésion de ceux-ci à l'univers de la marque par le biais du renforcement de l'esprit communautaire. En effet, la marque « *CIMAF* » exprime un « *nous* » africain et, c'est en ce sens qu'elle crée un espace intégrant où se mêlent à la fois unité et diversité. Elle s'adresse

---

[1] Cet arc de cercle pourrait évoquer le globe terrestre et traduire l'ambition globale du groupe Dangote.
[2] Zaki Laïdi, « La lente émergence d'espaces de sens dans le monde », dans Zaki Laïdi (dir.), *op. cit.*, p. 39.
[3] Voir la photo n°3 en annexe.
[4] Source : http://www.cimentsafrique.cm/produits, consulté le 01/11/2015.

aux pays qui forment le continent africain en respectant leurs spécificités. Son authenticité se structure autour d'une esthétique de l'unité dans la diversité. L'appartenance à un même continent (Afrique) ne signifie pas que tous les africains ont exactement les mêmes pratiques et coutumes. À l'inverse le fait de disposer de pratiques distinctes n'empêche pas l'union. Dans cette acception complexifiée du social, faite d'interactions entre homogénéité et hétérogénéité, on retiendra que « *l'intelligence de l'autre* »[1] de CIMAF réside dans le dépassement de la dichotomie ou alors de la logique des antipodes entre « *unité* » et « *diversité* » en offrant aux africains des produits qui conjuguent leurs différences et unissent leurs ressemblances.

Aussi bien, le Cameroun d'aujourd'hui se donne l'image d'un pays qui aspire à l'émergence. Tout acteur qui veut le conquérir doit prendre en compte cette dimension. CIMAF n'est pas passée à côté de cet aspect. En témoigne cette affirmation de Philémon Yang, lors de la cérémonie de la pose de la première pierre de l'entreprise : « *Pour faire du Cameroun un pays émergent à l'horizon 2035, il faut un tissu industriel développé. Pour construire les infrastructures, il faut avoir le matériau de construction en quantité et à bon prix. [...] C'est donc un projet qui vient à point nommé* »[2]. CIMAF se positionne donc comme un projet opportun et moderne, et, son slogan (la passion de la construction)[3] délivre un message fort pour le Cameroun. Il est en phase avec le contexte politique interne et les attentes des autorités dirigeantes locales. Car, pour devenir un pays émergent il faut avoir de bonnes infrastructures et pour construire de telles

---

[1] *L'intelligence de l'autre* est une partie du titre de l'ouvrage de Michel Sauquet et Martin Vielajus, *L'Intelligence de l'autre. Prendre en compte les différences culturelles dans un monde à gérer en commun*, Paris, Éditions Charles Léopold Mayer, 2007.
[2] Philémon Yang, cité par Hervé Endong, « Cameroun: La cimenterie des marocains opérationnelle en décembre 2012 », http://www.journalducameroun.com/article.php?aid=11353, consulté le 01/11/2015.
[3] Il s'agit du slogan de Ciments de l'Afrique Cameroun SA.

infrastructures, il faut composer avec des acteurs passionnés par la construction.

Le processus de fidélisation

Pour fidéliser ses clients sur la durée, CIMAF tisse des liens solides et durables en jouant sur la baisse du prix de vente du ciment. Même si le prix du ciment est lié à l'évolution de plusieurs facteurs dont les plus significatifs sont le coût des matières premières et de l'énergie, il faut reconnaitre que le ciment coûte encore cher au Cameroun. Afin de démocratiser le prix du ciment, le sac de 50 kg de CIMAF est vendu au consommateur final à Douala à 4400 FCFA, soit 50 F de moins que le ciment Dangote (4450 FCFA) et 200 FCFA de moins que celui produit par CIMENCAM (4600 FCFA). L'objectif de cette démocratisation des prix est de créer un capital sympathie capable de rendre les clients captifs de l'imaginaire de la marque et, de les rendre moins perméable aux sirènes de la concurrence. Seulement, cet objectif poursuivi par CIMAF est remis en question par l'opérateur historique (CIMENCAM) qui a réagi à cette perturbation du marché en ramenant le prix de son sac de 50 kg à 4350 FCFA[1]. Cet acte de perturbation qui dynamise la concurrence entre compétiteurs alimente davantage la résistance du consommateur camerounais qui rêve toujours d'une réduction considérable du prix du sac de ciment. Ce comportement résistant mobilise deux registres de pratiques :

Le premier s'enracine dans des protestations audibles polarisées autour d'un type d'action élaboré par Albert Hirschman sous le vocable de « *voice* ». Ici, le consommateur

---

[1] Pour les chiffres, voir, *Investir au Cameroun*, n°37, mai 2015 ; Assongmo Necdem, « Ciment : la bataille des prix est ouverte au Cameroun », http://www.investiraucameroun.com/mines/3010-6846-ciment-la-bataille-des-prix-est-ouverte-au-cameroun, consulté le 29/01/2017.

insatisfait prend la parole pour tenter de modifier la situation[1]. C'est ainsi qu'interrogé par le « *Journal du Cameroun* » lors de la mise sur le marché des premiers sacs de ciment estampillés Ciments de l'Afrique, un consommateur déclare : « *Nous espérions que l'entrée en fonction de cette nouvelle cimenterie allait favoriser la baisse des prix, mais nous constatons que les prix sont quasiment identiques* »[2].

Le second registre de pratiques prend la forme de résistances silencieuses. Le consommateur met en mouvement une panoplie d'outils peu perceptibles qui lui permettent de contourner ou de détourner les dispositifs ou les circuits marchands[3]. Afin de tourner en dérision l'objectif de fidélisation des clients des cimentiers, un consommateur qui veut bâtir une maison d'habitation peut indifféremment utiliser le CPJ 35 de CIMAF pour faire les fondations, le 42.5R CEM II de Dangote Cement pour l'élévation des murs, le CPJ 35 de CIMENCAM pour le dallage, le CEM II 42.5 R/B-P de Medcem Cameroun pour le revêtement extérieur etc.

Que faut-il faire pour fidéliser ce consommateur résistant et plaignant ? Comment capter le pouvoir d'achat de ce dernier en lui proposant des produits qui allient compétitivité prix (avantage par les coûts) et compétitivité hors-prix (avantage par la différenciation) sans être financièrement désavantageux pour l'offreur ? Quelle stratégie faut-il adopter pour décrypter les logiques d'action (comportements) de ce consommateur imprévisible et versatile ?

---

[1] Pour plus de détails sur la grammaire des comportements résistants du consommateur élaborés par Albert Hirschman, lire, Dominique Roux, « Résistance du client, du consommateur et de l'usager », dans Franck Tannery et al (dir.), *op. cit.*, Chapitre 72.
[2] Source : http:// www.journalducameroun.com/article.php?aid=16678, consulté le 01/11/2015.
[3] Pour plus de détails sur les résistances silencieuses du consommateur, lire, Dominique Roux, *op. cit.*

Avant d'apporter des éléments de réponse à ces questions, il faut d'abord comprendre les fondements de la résistance de ce consommateur en quête des prix les plus bas. Nous suggérons à cet effet deux niveaux de compréhension. Le premier niveau de compréhension est d'ordre socioéconomique. Selon les données fournies par le Document de Stratégie pour la Croissance et l'Emploi et la Quatrième Enquête Camerounaise Auprès des Ménages (ECAM 4), la pauvreté monétaire qui a reculé de 13 points entre 1996 et 2001 reste stable sur la période 2001-2007 avant de connaître une légère diminution (2,4 points) sur la période 2007-2014. La conséquence immédiate de ce modeste recul de l'incidence de pauvreté entre 2001 et 2014 est l'augmentation importante du nombre de pauvres à cause d'une croissance démographique (2,6% par an) qui reste importante[1]. Rappelons qu'une population pauvre est avant tout caractérisée par un manque de ressources matérielles et financières nécessaires à la satisfaction de ses besoins essentiels (alimentation, logement, soins de santé éducation, approvisionnement en eau potable, etc.). Ce contexte d'accroissement du nombre de pauvres soumet les ménages à une forte contrainte budgétaire, visible par les tensions au niveau du pouvoir d'achat qui réduisent considérablement les possibilités de choix du consommateur en le condamnant à l'optimisation de la productivité de chaque franc CFA dépensé.

Ce premier niveau de compréhension est enrichi et complété par un second niveau qui est d'ordre culturel et prend racine dans l'histoire. Le poids de l'histoire est selon Pierre Grosser « *l'héritage accumulé, soit sous forme d'expérience individuelle ou collective, soit sous forme de références transmises au sein d'une organisation, des institutions, d'un groupe social ou*

---

[1] Pour plus de détails sur l'évolution de la pauvreté monétaire au Cameroun, lire, Document de Stratégie pour la Croissance et l'Emploi…, *op. cit.*, pp. 36-41 ; Quatrième enquête camerounaise auprès des ménages (ECAM 4). Tendances, profil et déterminants de la pauvreté au Cameroun entre 2001-2014, Institut National de la Statistique, décembre 2015, pp. 15-19.

Instruments et stratégies...

national [...] »[1]. Au Cameroun la référence à un passé élogieux où la vie n'était pas chère est un principe fondateur des attitudes et conduites du consommateur. C'est donc logiquement que ce dernier est toujours nostalgique de l'époque où le sac de ciment se vendait à 1050 FCFA[2]. Cet héritage passé, constamment ravivé par les dialogues intergénérationnels entre les anciens et les jeunes nourrit la mémoire collective. La mémoire collective légitime à son tour une culture qui influe sur les représentations actuelles du consommateur. On peut en repérer les traces dans la nature des rapports du consommateur avec le ciment. Pour le consommateur camerounais, un ciment moins cher est chargé de symboles, c'est un produit qui a un sens, une signification dans laquelle il se reconnaît. Il est l'expression d'un passé lointain et proche où la construction d'un logement n'était pas perçue et vécue comme un fardeau par le Camerounais moyen. En réalité, le problème n'est donc pas l'incapacité d'adaptation du consommateur à une époque nouvelle ayant des exigences nouvelles. Il concerne globalement la gestion du rapport à l'histoire, l'administration d'un passé fantasmé qui surnage dans le présent : « *Il y a, estime Ysé Tardan-Masquelier, une relation dialectique très forte entre tradition et actualité, conservatisme et innovation. [...] En réalité, si le passé joue un si grand rôle, c'est que l'homme actuel y déchiffre mieux que dans son présent les éléments fondateurs et permanents de toute une vie* »[3].

À l'aune de l'inventaire des ressorts de la résistance du consommateur, nous esquissons maintenant deux pistes de réflexion indispensables en matière de fidélisation.

---

[1] Pierre Grosser, « De l'usage de l'histoire dans les politiques étrangères », dans Frédéric Charillon (dir.), *Politique étrangère. Nouveaux regards*, Paris, PFNSP, 2002, p. 362.
[2] Pour les chiffres, voir, Assongmo Necdem, *op. cit.*
[3] Ysé Tardan-Masquelier, cité par Michel Sauquet, Martin Vielajus, *l'intelligence interculturelle. 15 thèmes à explorer pour travailler au contact d'autres cultures*, Paris, Éditions Charles Léopold Mayer, 2014, p. 49.

Nous relevons premièrement que les batailles de fidélisation des consommateurs seront remportées par les entreprises qui prendront la mesure de la nécessité du développement de leurs « *capacités d'intelligence des territoires* » et de leurs apports dans le pilotage des stratégies de puissance des entreprises. Le monde est compartimenté, cloisonné en des aires géographiques différenciées. Chacune de ces entités géographiques établies est un *milieu de vie*, un *espace vécu* ayant ses propres spécificités historiques, sociales, culturelles etc. Les groupes humains qui y habitent partagent une identité collective territorialisée. C'est cette identité qu'il faut saisir et intégrer dans le champ de la stratégie. Cette réalité impose une combinaison entre ce que Robert Halsall qualifie de « *discours du cosmopolitisme organisationnel* »[1] (standardisation des pratiques de management) et un pragmatisme managérial (relativisation des pratiques de management) qui permettra à l'entreprise de penser globalement et agir localement, de faire preuve de souplesse, de flexibilité et de motilité. Dans cette perspective, la prise en considération de la pauvreté comme préoccupation légitime du management stratégique[2] et la mobilisation de l'*intelligence culturelle*[3] seront pour les cimentiers, de précieux stimulants dans la création d'une complicité entre pratiques managériales et environnement socioculturel local.

---

[1] Robert Halsall, cité par, Denis Chabault, Elodie Loubaresse, Anne-Laure Saives, Bertrand Sergot, « Espaces et territoires », dans Franck Tannery et al (dir.), *op. cit.*, Chapitre 40.

[2] Pour plus de détails sur la prise en considération de la pauvreté comme préoccupation légitime du management stratégique, lire, Marielle Payaud, Alain Charles Martinet, *op. cit.*

[3] L'intelligence culturelle se développe dans la conscience de sa dimension stratégique. Elle se définit à la fois comme expertise culturelle utile à l'activité d'une organisation publique ou privée et comme exercice des compétences interculturelles. Faculté de décrypter la complexité des cultures et levier de développement pour les entreprises et l'État, l'intelligence culturelle se situe à la racine de l'intelligence économique. Benjamin Pelletier, « Les enjeux stratégiques de l'intelligence culturelle », dans Christian Harbulot (dir.), *op. cit.*, p. 209.

En outre, nous faisons valoir que pour être en capacité de transformer un prospect en client et un client en fan, les cimentiers doivent faire évoluer leur modèle économique actuel vers un modèle serviciel. Contrairement à l'approche économique traditionnelle qui cherche à saturer ses cibles par la démonstration de la supériorité technique des produits, le modèle serviciel s'intéresse réellement à la problématique du client. S'opère dès lors un glissement entre l' « *orientation-produit* » et l' « *orientation-client* », un déplacement de l'objet de la transaction marchande qui passe de la vente à tout prix de biens à l'apport de solutions adaptées aux problèmes du consommateur. Le modèle serviciel s'incarne dans un modèle de rentabilité reposant sur une posture qui consiste à « *rendre service* » dans le souci de maximiser la fourniture d'*effets utiles* aux clients[1]. Il s'agit ici d'effectuer un centrage sur le client, de comprendre ses besoins et de lui fournir non plus des *outputs*, mais plutôt des *outcomes*.

Dans un environnement marqué par un consommateur qui commence peu à peu à comprendre qu'il est la principale source de revenus de l'entreprise, qui découvre le pouvoir qu'il a d'exprimer son choix avec son argent, qui peut exercer une influence déterminante sur les attitudes de consommation des membres de ses communautés d'appartenance (voisins, collègues de service, amis etc.) à travers ses actions de bouche-à-oreille et sa communication sur internet et sur les médias sociaux, l'hypothèse du centrage sur le client gagne en crédibilité. À cette aune, il est clair que l'engagement des entreprises avec les consommateurs devient une évidence. Se centrer sur le client consiste à intégrer les logiques du consommateur comme partie prenante[2], à répondre à la volonté

---

[1] Philippe Moati, *op. cit.*, p. 161.
[2] Pour plus de détails sur l'intégration des logiques du consommateur comme partie prenante, lire, Dominique Roux, *op. cit.*

de puissance du « *consomm'acteur* »[1], à se préoccuper des attentes du client dans toute leur épaisseur et les traduire en autant d'*effets utiles* pour ce dernier. Les *effets utiles* sont des effets de tous ordres qu'une offre est susceptible de produire sur celui qui la consomme et, plus généralement, sur la société. Il peut s'agir de l'utilité directement retirée de la fonctionnalité de l'offre, mais aussi de l'ensemble des bénéfices associés à sa valeur immatérielle[2]. Autrement dit, une économie des *effets utiles* est plus à l'aise dans le service, la création de l'utilité, la satisfaction des besoins, l'apport de solutions avec en prime la fourniture à l'entreprise de nouveaux leviers de captation, d'enrôlement, de mobilisation et de fidélisation du consommateur dans un système intégré.

CIMAF entend sacrifier avec quelque discrétion à cette seconde orientation (modèle serviciel) via le *système intégré* qu'elle forme avec CIMAT (Ciments de l'Atlas) et le groupe Addoha. Ce système fonctionne comme un apporteur de solutions[3]. *Prima facie*, il fait converger les efforts et compétences de ces trois acteurs complémentaires dans le sens de la maximisation des *effets utiles* fournis au consommateur. Ainsi, CIMAT approvisionne CIMAF en clinker, ce clinker est utilisé par CIMAF pour fabriquer du ciment et le ciment est à son tour utilisé par le groupe Addoha dans la construction des logements sociaux. *Secundo*, il intègre biens et services afin de bâtir des bouquets[4] :

- un bouquet vertical qui vise directement l'apport de la solution à un problème de consommation : l'accès à un logement décent à un coût attractif.

---

[1] Le terme consomm'acteur traduit la volonté de puissance du consommateur. Pour plus de détails, lire, Philippe Moati, *op. cit.*, pp. 109-121.
[2] Philippe Moati, *Ibid.*, p. 157.
[3] Pour plus de détails sur la fonction d'un apporteur de solutions, lire, Philippe Moati, *Ibid.*, p. 268.
[4] Pour plus de détails sur la construction de bouquets horizontaux et verticaux, lire, Philippe Moati, *op. cit.*, pp. 190-211.

- un bouquet horizontal qui permet au client d'accéder à partir d'un guichet unique à l'ensemble des biens et services complémentaires dans la production d'*effets utiles* associés à une fonction particulière, un problème de consommation spécifique. Partant, le groupe Addoha propose au sein de son siège un service gratuit, qui permet au client d'accomplir l'ensemble des formalités juridiques, administratives et bancaires liées à l'acquisition de son logement. Le principal avantage du guichet unique Addoha est celui de donner la possibilité d'effectuer toutes les démarches dans un seul et même site, en évitant ainsi les retards générés par la dispersion des différentes entités intervenant lors de la transaction immobilière[1].

La compétitivité de ce modèle serviciel est également assurée par les interdépendances qu'il crée entre le ciment, le logement et le bien-être. Les interrelations entre CIMAF et Addoha permettent au premier de fournir un ciment de qualité et au second de garantir la crédibilité des *effets utiles* promis par ses logements. Ces logements sont ensuite vendus au consommateur au prix de leur valeur fonctionnelle (la valeur fonctionnelle d'un logement c'est l'habitation) grâce à la formule « *achetez votre logement au prix de votre loyer* » implémentée par le groupe Addoha. Ce dispositif qui privilégie l'usage à la propriété, qui permet d'acquérir le droit de propriété à partir du droit d'accès contribue au bien-être du consommateur sous un triple plan identifié par Philippe Moati. Il s'agit du :

- gain monétaire : au lieu de payer mensuellement son loyer à un bailleur comme il le fait habituellement (droit d'accès non assorti du droit de propriété), le consommateur payera ce même loyer à une banque et deviendra au bout de 25, 30 ans propriétaire de son appartement (droit d'accès assorti du droit de propriété). Il est clair que cette solution permettra au

---

[1] Source : http://www.groupeaddoha.com/guichet-unique, consulté le 29/01/2017.

Camerounais qui, selon Gabin Babagnak « *dépense en moyenne 50% de ses revenus salariaux dans le loyer* »[1] de réaliser des économies.

- gain d'efficience : dès lors que ce qui est vendu n'est plus un bien (le ciment), mais la solution au problème du logement, tout change. L'apporteur de solutions met tout en œuvre pour que sa solution produise le maximum d'*effets utiles* attendus par le client.

- gain de signification : la solution offerte permettra – comme nous l'avons vu plus haut – au Camerounais de renouer avec ce passé élogieux où l'acquisition d'un logement n'était pas perçue et vécue comme un fardeau.

Précisons *in fine* que le modèle interopérable ciment/logement/bien-être permettra à l'apporteur de solutions CIMAT/CIMAF/Groupe Addoha de fidéliser le consommateur sur le long terme en le rendant captif d'un écosystème intégré. Plus il sera satisfait par les services offerts par le système intégré, plus il se transmutera de son propre chef en fan dudit système. Mais ce n'est pas tout, ce même modèle favorisera l'établissement de relations denses et interactives entre le fan et l'apporteur de solutions dans l'optique d'une coproduction permanente de solutions. C'est dire sans détour que le consommateur et/ou fan sera à la longue un agent d'agencement d'un système dont-il sera copropriétaire.

Après avoir exploré les instruments et stratégies mis en mouvement par CIMAF afin de conquérir le Cameroun, il est essentiel de démontrer que ses actions et interactions sont loin d'être désintéressées. À la vérité, elles sont investies par cette dernière pour atteindre ses objectifs.

---

[1] Propos recueillis par *Investir au Cameroun*, n°49, mai 2016.

III.

Usages et enjeux de l'offensive de CIMAF au Cameroun

La conquête du Cameroun par CIMAF est loin d'être neutre. Elle fait l'objet d'un usage stratégique par des acteurs dans la mesure où elle est un enjeu majeur pleinement investi par CIMAF et son État d'origine. En replaçant cette offensive dans un contexte où croissance économique du Maroc rime avec conquête de l'Afrique, nous nous apercevons qu'elle est un adjuvant à la construction des identités et des intérêts de CIMAF et du Maroc. Car, les conquêtes économiques sont une ressource au profit des intérêts économiques, sociaux, politiques et culturels des firmes multinationales et de leurs États d'origine. En outre, cette offensive contribue à la transformation de l'environnement économique de l'État d'accueil.

L'offensive de CIMAF : un outil de construction des identités et des intérêts de CIMAF et de son État d'origine

Alexander Wendt affirme que les intérêts des États dépendent non pas de la configuration objective des rapports de force matériels, mais des identités des États, c'est-à-dire de la représentation que les États se font d'eux-mêmes et d'autrui, du système international, et de leur propre place ainsi que celle des autres au sein de ce système international[1]. Ces identités remplissent selon Ted Hopf deux fonctions nécessaires : elle permet à l'*ego* de savoir qui est l'*alter* et inversement; elle précise un stock d'intérêts et de préférences eu égard aux choix d'action dans un domaine particulier et aux acteurs spécifiques[2]. L'objectif dans cette partie est de démontrer comment l'offensive de CIMAF construit les identités et les intérêts de CIMAF et du Maroc.

La construction de l'identité et des intérêts de CIMAF

La notoriété – de CIMAF et du groupe Addoha – est la principale identité construite par l'entrée de CIMAF au Cameroun.

L'offensive de CIMAF déjoue l'image d'Épinal que l'occident jette sur le continent africain. Celle d'un homme africain qui « *n'est pas assez entré dans l'histoire* », qui « *ne connaît que l'éternel recommencement du temps rythmé par la répétition sans fin des mêmes gestes et des mêmes paroles* » et celle d'un « *imaginaire où tout recommence toujours* », où « *il n'y a de place ni pour l'aventure humaine, ni pour l'idée de progrès* »[3]. En effet, les puissances occidentales ont exercé depuis l'époque coloniale leur *full spectrum dominance* (suprématie dans tous les domaines) sur les économies africaines. Pendant cette période, elles ont légitimé une violence symbolique – au sens bourdieusien du terme – qui a construit un sentiment d'infériorité et d'incompétence auprès des africains. Transposée au champ géoéconomique, cette violence symbolique a pendant longtemps

---

[1] Dario Battistella, *Théories des relations internationales, op. cit.,* p. 283.
[2] Ted Hopf, cité par Thierry Braspenning, « Constructivisme et réflexivisme en théorie des relations internationales », dans *Annuaire Français de Relations Internationales,* Volume III, 2002, p. 320.
[3] Ces affirmations sont extraites du discours du président de la République française, Nicolas Sarkozy, prononcé à l'université Cheikh-Anta-Diop de Dakar, le 26 juillet 2007.

exclu l'Afrique de la compétition économique qui se joue sur son territoire en la reléguant au rôle de « *spectateur* ». La fin de la Guerre froide a ouvert une brèche matérialisée par les offensives des pays émergents et un sursaut d'orgueil des « *tycoons* » africains qui ont su développer leur force au point de pouvoir accéder au « *championnat de première division* ». Ces derniers ont aujourd'hui des arguments à faire valoir et ne veulent pas seulement faire jeu égal avec les multinationales occidentales, ils ont aussi l'ambition de les battre sur des territoires jusqu'ici considérés comme faisant partir du « *pré carré* » de l'occident. Cela se vérifie dans le secteur de la téléphonie mobile au Cameroun où la française Orange se fait devancer par la sud-africaine Mobile Télécommunications Network (MTN), leader du marché.

L'entrée de CIMAF dans le jeu, ses performances et, surtout sa capacité à concurrencer CIMENCAM, filiale du groupe Lafarge, leader mondial des matériaux de construction, permet de déconstruire le complexe d'infériorité. D'un point de vue géoéconomique, CIMAF vient concurrencer Lafarge sur son terrain de chasse. Elle rebat les cartes d'un jeu qui n'avaient sans doute pas été redistribuées depuis 1963. Jamais encore le français Lafarge n'avait eu à faire une place à un acteur porté par un tel élan. Cette capacité à rivaliser avec les majors occidentales construit la notoriété de CIMAF et du groupe Addoha qui, peu à peu deviennent un modèle, un exemple à suivre que le public s'approprie. Ainsi par exemple, CIMAF suscite de toute façon plus d'enthousiasme et de reconnaissance auprès des Camerounais que le roi du Maroc. Cet enthousiasme fait changer l'état d'esprit du peuple (déconstruction/ reconstruction de son identité), provoque une adhésion qui ne se limite guère au Maroc mais, s'étend à toute l'Afrique.

Le Cameroun n'est pas seulement une tribune idéale pour la construction de la notoriété de CIMAF, il permet également à cette dernière d'accroître ses profits en agrandissant la taille de son marché. Le Cameroun est engagé dans un programme de « *Grandes Réalisations* » qui implique la construction de ports, de routes, d'aéroports, de barrages etc. Ces différents chantiers ont boosté la demande du ciment qui, est très rapidement passée de 1,3 million de tonnes en 2008 à 2,5 millions de tonnes en 2010, pour se situer aujourd'hui, selon les statistiques du Ministère de l'industrie, à 8 millions de tonnes[1]. Cette augmentation de la demande intérieure pourrait constituer un levier de croissance des parts de marché de CIMAF au Cameroun et en Afrique. C'est donc logiquement que CIMAF veut contribuer fortement au développement du Cameroun en se positionnant comme un fournisseur de référence des infrastructures majeures. Il s'agit là d'une véritable fenêtre d'opportunité pour CIMAF. D'abord, dans une optique de dynamisation de l'économie camerounaise, la priorité est accordée à l'utilisation de matériaux fabriqués et achetés sur place[2]. Ensuite, dans une correspondance datée du 21 août 2014, le secrétaire général de la présidence de la République du Cameroun, Ferdinand Ngo Ngoh, a prescrit au premier ministre Philémon Yang de diligenter auprès des ministères en charge du commerce et des finances l'interdiction des importations de sucre et de ciment au Cameroun. Cette mesure protectionniste assimilable à une disposition de « *guerre économique du temps de paix* »[3] permet d'une part de protéger l'industrie locale en luttant contre les importations massives de ciment sans valeur ajoutée pour le Cameroun et, d'autre part, de créer et de maintenir l'emploi au Cameroun.

---

[1] Pour les chiffres, voir, *Investir au Cameroun*, n°20, novembre 2013.
[2] Lors de la cérémonie de la pose de la première pierre du 2ème pont sur le Wouri, le 14 novembre 2013 à Douala, le ministre des Travaux publics, Patrice Amba Salla, soulignait que ce chantier contribuera à la dynamisation de l'économie camerounaise, notamment à travers le recrutement de 95% des employés (550 emplois au total) localement et l'utilisation des matériaux achetés sur place. Cf. *Investir au Cameroun*, n°20, novembre 2013.
[3] L'expression est de Christian Harbulot, « La lecture des rapports de force économique », dans Christian Harbulot (dir.), *op. cit.*, p. 42.

En outre, les ambitions du groupe Addoha au Cameroun ne se limitent guère au secteur du ciment. Selon l'ambassadeur du Royaume du Maroc au Cameroun, Lahcen Sail, le groupe marocain spécialisé dans les matériaux de construction, va bientôt lancer dans la capitale camerounaise un projet de construction de 1300 logements sociaux et 26 villas[1]. CIMAF, vient donc en amont, comme pourvoyeuse de matière première pour l'accompagnement d'un vaste programme de construction de logements sociaux au Cameroun.

Enfin, le Cameroun pourrait à moyen terme devenir la « région focale »[2] à partir de laquelle se déploiera l'offensive de CIMAF en Afrique centrale(CEMAC) en général et au Tchad, en Guinée Equatoriale et en République Centrafricaine en particulier[3]. Cette mobilisation du territoire camerounais comme *une base de production orientée vers l'exportation*[4] permettra à CIMAF de construire sa performance commerciale dans un espace régional interconnecté. En outre, CIMAF utilise son offensive pour construire l'identité de son pays d'origine.

La construction de l'identité de rôle du Maroc : la puissance de l'État

« *L'identité de rôle (role identity) concerne les propriétés qui caractérisent les relations d'un État avec les États, qui le perçoivent comme une puissance hégémonique ou comme un État satellite, comme un État partisan du statu quo ou comme une puissance insatisfaite,*

---

[1] Voir, *Investir au Cameroun*, n°27, juin 2014.
[2] La région « focale », point de départ de la morphogenèse, est le territoire à partir duquel s'est déployée une construction politique, Stéphane Rosière, *Géographie politique et Géopolitique*, Paris, Ellipses, 2e édition, 2007, p. 194.
[3] CIMAF est également présente au Gabon et au Congo.
[4] Pour plus de détails sur la mobilisation du territoire comme une base de production orientée vers l'exportation, lire, Gilles Ardinat, *op. cit.*, pp. 69-82.

etc. »[1]. Elle est construite à travers CIMAF, perçue comme un instrument de la diplomatie d'influence du Maroc en Afrique et au Cameroun. C'est ce que reconnaît Amine Dafir lorsqu'il affirme que : « *La vision marocaine consiste à rendre les firmes nationales des véritables ambassadeurs en Afrique. C'est un puissant outil d'influence à l'échelle internationale qui peut permettre au Maroc de consolider son autorité à l'extérieur des frontières* »[2]. Au service des ambitions nationales, CIMAF offre à l'État du Maroc des opportunités nouvelles pour structurer sa puissance au Cameroun. Elle témoigne de l'émergence au sein de la discipline des Relations internationales, d'une nouvelle conception de la diplomatie : celle de la diplomatie multiple. Elle a été proposée par Louise Diamond, pour décrire un nouveau système diplomatique comprenant non seulement des spécialistes, publics et privés, du règlement des conflits mais aussi des militants et des représentants du monde des affaires, du monde intellectuel et scientifique, des milieux religieux, des médias[3]. La notion de multi-track diplomacy (diplomatie multiple), implique que la triple fonction de représentation, d'information et de négociation au service de l'État n'est plus le privilège exclusif des diplomates de carrière. Il découle de cette vision plus globale, une conception instrumentale des agents de la diplomatie. Dans cette perspective, CIMAF est au même titre que l'ambassadeur du Royaume du Maroc au Cameroun le « *VRP* »[4] de l'identité et des intérêts de son État d'origine. On comprend pourquoi CIMAF est représentative de l'image d'un Maroc qui gagne. Elle est l'un des symboles idéaux de l'image que veut renvoyer le royaume chérifien, celle de la réussite, de la grandeur et surtout de la puissance.

---

[1] Alexander Wendt, cité par Dario Battistella, *Théories des relations internationales, op. cit.*, p. 284.
[2] Amine Dafir, « Le Maroc à l'assaut de l'Afrique : rôle de la diplomatie économique »,http://archives.lesechos.fr/archives/cercle/2012/06/29/cercle _48200.htm, consulté le 01/11/2015.
[3] Marie-Claude Smouts et al, *op. cit.*, p. 142.
[4] VRP signifie Voyageur Représentant Placier. L'expression désigne en commerce un vendeur qui rencontre la clientèle à domicile.

Au surplus, relevons qu'à la suite du Japon, des États-Unis, de la Corée du Sud, de la Russie et de la Chine, le Maroc est en train de se doter d'une grille de lecture sur l'accroissement de la puissance par l'économie. Secret de polichinelle : l'économie est dans l'actuelle mondialisation la principale matière première de la puissance. Désormais les mensurations, l'expression et les capacités d'action des autres déclinaisons de la puissance – diplomatique, militaire, politique et sociale – sont à inscrire dans les marges de manœuvre permises par l'économie. À cette aune, il est clair que « *la puissance politique d'un pays va se jauger à l'activité générée sur son sol et au rayonnement de ses entreprises à l'extérieur* »[1]. Pour souscrire à cette nouvelle manière d'incrémenter la puissance, Moulay Hafid Elalamy, ministre marocain de l'Industrie, du Commerce, de l'Investissement et de l'Économie Numérique a présenté le 02 avril 2014 le plan d'accélération industrielle du Maroc baptisé « *D'émergence aux écosystèmes performants* ». Cette nouvelle stratégie s'accompagne de 10 mesures clés dont celle consacrée à l'amplification de la vocation africaine du Maroc : celle-ci passe entre autres par l'accompagnement pour l'implantation et l'installation des sociétés industrielles en Afrique, ainsi que l'assistance pour l'obtention de projets d'investissement sur le continent africain[2]. L'instauration d'un tel dispositif de combat – qui apparaît à l'évidence comme un multiplicateur de puissance – est l'une des preuves tangibles de l'inexistence de l'entreprise apatride. En dépit de leur actionnariat diversifié, les multinationales ont une nationalité. Qui peut prétendre que Dangote Cement n'est pas nigériane, que MTN n'est pas sud-africaine, que Citybank, JP Morgan ne sont pas étasuniennes ou que Orange et Société Générale ne sont pas françaises ? Robert Reich ne le ferait certainement pas. Dans son ouvrage, *L'économie mondialisée*, il affirme qu' « *en raison de leur taille et de leur rôle central dans l'économie, les très grandes*

---

[1] Guy Carron de la Carriere, « Omniprésence économique », dans Frédéric Charillon (dir.), *op. cit.*, p. 258.
[2] Voir, Étude partenariat Maroc-Afrique..., *op. cit.*, p. 104.

firmes américaines s'identifient et sont identifiées, par les Américains et par les autres habitants de la planète, à l'économie américaine dans son ensemble. Elles sont les championnes de l'économie nationale ; leurs succès sont ses succès. Elles sont l'économie américaine »[1].

CIMAF apparaît de ce point de vue comme l'expression de l'expansionnisme marocain au Cameroun. Composante de la stratégie de puissance de son pays d'origine, elle apporte sa contribution à la croissance économique de celui-ci. Sa prospérité économique au Cameroun augmente la richesse du royaume chérifien. Simultanément, ses profits, intérêts et revenus gagnés au Cameroun sont additionnés au PNB (Produit National Brut) marocain. Au-delà de l'enrichissement, CIMAF traduit en acte la volonté d'accroissement des capacités d'action du Maroc au Cameroun via une combinatoire de plusieurs formes de domination :

- domination par l'investissement. Levier d'accroissement de la puissance, les IDE sont de plus en plus mobilisés par les États comme un instrument de domination des économies des États tiers. La stratégie des États en la matière ne procède pas seulement d'une volonté d'investir à l'étranger (enjeu manifeste) mais, fait également montre d'une réelle ambition de conquête et de contrôle par l'investissement (enjeu latent). Le Maroc a pris conscience de cet enjeu en passant du statut de bénéficiaire à celui de pourvoyeur des IDE. C'est ainsi que l'on assiste à un décollage des IDE marocains en Afrique. Les chiffres fournis par l'Institut Amadeus indiquent un total de 8.5 milliards Dirhams en 2012 et un montant de 2 milliards Dirhams investis chaque année en Afrique subsaharienne sur la période 2008-2013[2]. Aussi bien, le Maroc est depuis quelques années le premier investisseur africain dans la zone de la Communauté économique et monétaire de l'Afrique centrale (CEMAC) et la zone de l'Union économique et monétaire ouest-

---

[1] Robert Reich, *L'économie mondialisée,* Paris, Dunod, 1993, p. 37.
[2] Voir, Étude partenariat Maroc-Afrique..., *op. cit.,* p. 5.

africaine (UEMOA)[1]. Au Cameroun, ces IDE sont réalisés avec le concours des acteurs privés marocains comme CIMAF qui a injecté – comme ci-dessus indiqué – environ 20 milliards de FCFA dans l'économie camerounaise. Cet investissement massif ne vient pas seulement renforcer le stock des IDE entrants au Cameroun, il permet au Maroc d'exercer une influence sur l'attractivité du « *territoire Cameroun* » et d'avoir un poids non négligeable dans la structuration de la puissance économique de ce dernier. Nous y reviendrons dans les développements qui vont suivre.

- domination par la zone d'influence économique. Le royaume chérifien ambitionne de se positionner comme un hub vers l'Afrique afin d'offrir une plate-forme idoine à tout investisseur souhaitant pénétrer un marché de plus de 1 milliards de consommateurs. Cette ambition ne peut être rendue possible sans une connaissance approfondie du territoire africain. Une telle orientation éclaire d'un nouveau jour la ruée des multinationales marocaines comme CIMAF vers l'Afrique. Celles-ci sont des corps expéditionnaires chargés d'étendre durablement l'influence économique du Maroc en Afrique à travers un maillage serré du territoire. Le fait de disposer – à travers ses champions nationaux – d'un réseau en plein élargissement de sa capillarité en Afrique permet au Maroc d'intégrer *de facto* le continent dans sa sphère économique. Cette intégration est rendue visible par l'essaimage du Maroc dans le quotidien des Camerounais. Ce dernier est par le biais de CIMAF présent dans les magasins de quincaillerie, les logements, ponts, routes, ports etc. En d'autres termes, chaque sac de ciment « CIMAF » consommé au Cameroun agit *a minima* comme un marqueur qui assoit graduellement la présence du Maroc dans un « *espace économique* » disputé.

Élément important du rayonnement et du prestige de la « *marque Maroc* », CIMAF joue enfin un rôle important dans la

---

[1] Voir, Étude partenariat Maroc-Afrique..., *op. cit.*, p. 10.

construction/reconstruction des coopérations entre le Maroc et le Cameroun car, elle crée avec le pays d'origine et le pays d'accueil une structure sociale triangulaire. Elle met en mouvement un réseau dont la dynamique facilite le développement des interrelations entre CIMAF et le Cameroun et, élargit l'agenda de coopération entre le Maroc et le Cameroun à travers CIMAF. Cette interdépendance est productrice de paix par la création d'un intérêt mutuel entre les acteurs du réseau. CIMAF peut dès lors être considérée comme un « *bien public mondial* »[1] parce qu'elle inscrit ses relations avec le pays d'origine (le Maroc) et le pays d'accueil (le Cameroun) dans un modèle « *gagnant-gagnant-gagnant* ». C'est donc dire que l'offensive de CIMAF produit des effets sur le pays d'accueil.

L'offensive de CIMAF : un outil de participation à la construction d'un jeu économique plus « ouvert » et « concurrentiel » au Cameroun

CIMAF profite de sa présence au Cameroun pour structurer un environnement économique plus ouvert et concurrentiel. Afin d'y parvenir elle mobilise la ressource discursive. Ainsi, peut-on lire sur le site internet de l'entreprise les affirmations suivantes : « *Au Cameroun, nous venons démocratiser le marché en proposant aux consommateurs une offre alternative à celle des opérateurs de la place, basée sur une expertise avérée dans le domaine et des produits de grande qualité* ». « *Notre mission s'exprime donc clairement à travers le tryptique suivant: endiguer les pénuries périodiques de ciment constatées sur le marché*

---

[1] Un bien public mondial s'apprécie dans sa capacité de créer du bénéfice pour l'ensemble des acteurs, sans que son usage par l'un ait un effet négatif ou privatif pour l'autre, sans que les avantages retirés par les uns ne viennent à exclure les autres. Les biens publics mondiaux s'identifient ainsi dans leur aptitude à produire, en faveur de tous, de la richesse, du bien-être et du savoir. Voir, Bertrand Badie, Rony Brauman, Emmanuel Decaux, Guillaume Devin et Catherine Withol De Wenden, *Pour un autre regard sur les migrations. Construire une gouvernance mondiale*, Paris, Éditions La Découverte, 2008, pp. 41-42.

camerounais, mettre fin à la spéculation sur le prix du ciment, garantir une constance dans la qualité de notre ciment ». « Nous avons les moyens d'accomplir cette mission pour le bien-être des entreprises et des ménages camerounais »[1]. Ces prises de parole ne sont pas essentiellement déclaratoires. L'« *agir communicationnel* »[2] permet de traduire l'intérêt et l'action. Comme le démontre Nicholas Onuf, « *On doit commencer quelque part. [...] On peut commencer par des faits, des choses comme elles sont, prenant comme donné l'argument comme leur caractère factuel. On peut commencer par des actions. Des actions accomplies, des décisions prises, des mots prononcés – c'est tout ce que les faits sont.* »[3]. Déduit de ces propos, les faits de langage ne se situent pas en aval, mais en amont de l'action. Ils sont même indissociables de l'action. À la vérité, les armes discursives enrôlées par CIMAF relèvent de la catégorie du « *performatif* ». Ici, « *l'énonciation de la phrase est l'exécution d'une action* »[4]. En adoptant le phrasé d'un compétiteur et/ou concurrent, CIMAF devient agent de la concurrence et doit se comporter comme tel.

Cette construction discursive de la posture de compétiteur est réverbérée dans la pratique par la « *mise en crise* » du monopole du groupe Lafarge sur le marché camerounais du ciment et la structuration d'un nouveau régime de croissance.

Prima facie, l'irruption d'un nouveau cimentier au Cameroun signifie la remise en cause de la logique de l' « *Un* » par l'adoption d'une logique « *Pluraliste* ». Il s'agit d'un véritable

---

[1] Source: http://www.cimentsafrique.cm/cimaf, *op. cit.*
[2] « L'agir communicationnel », médiatisé par des actes de langage, repose sur l'intercompréhension langagière et constitue l'interaction des participants. Pour plus de détails, lire, Jürgen Habermas, *Théorie de l'agir communicationnel*, Paris, Fayard, 1987.
[3] Nicholas Onuf, cité par Constanze Villar, *Le discours diplomatique*, Paris, L'Harmattan, 2008, p. 65. Cf. Site internet : http://classiques.uqac.ca/contemporains/villar_constanze/discours_diplomatique/villar_discours_diplo.pdf, consulté le 14/04/2014.
[4] John Langshaw Austin, cité par Yves Citton, *op. cit.*

changement de paradigme matérialisé par la substitution de l'habitus monarchique (concentration du pouvoir par un seul agent) par l'habitus polyarchique (partage du pouvoir par plusieurs agents). Résultat : après près d'un demi-siècle de règne sans partage – 48 ans –, le cimentier CIMENCAM compose désormais avec d'autres acteurs qui reconfigurent fondamentalement le paysage du ciment au Cameroun. Il est désormais confronté à la dure réalité de la concurrence avec des compétiteurs qui ont des arguments à faire valoir, attaquent de manière frontale et/ou indirecte et montrent que la suprématie des entreprises françaises dans la « *franco-sphère* »[1] n'est plus automatique. La situation post coloniale de « *chasse gardée* » s'en trouve profondément transformée. Finie la belle époque où CIMENCAM pouvait à lui tout seul faire la pluie et le beau temps dans le secteur du ciment au Cameroun. Pour rester sur le podium, il doit descendre dans l'arène, pour briller, il doit prouver qu'il est le meilleur.

Par ailleurs, la délégitimation de la logique de l' « *Un* » se double de la construction d'un nouveau régime de croissance dans le secteur du ciment au Cameroun. Un régime de croissance peut être défini comme un « *ordre* », c'est-à-dire un mode de fonctionnement relativement cohérent, qui se traduit par une certaine permanence des principales caractéristiques du secteur : ses structures (l'ordre de grandeur du nombre d'entreprises en présence ou bien la régularité de la trajectoire d'évolution de ce nombre, l'intensité des flux d'entrées et de sorties d'entreprises, leur taille moyenne, leur âge moyen, etc.), les formes de la concurrence dont découlent les « *facteurs clés de succès* » qui s'imposent aux entreprises, la nature des ressources et des compétences requises pour prospérer dans le secteur, les caractéristiques du ou des modèles économiques appliqués par les entreprises, les modes d'organisation les plus couramment adoptés. Le régime de croissance définit donc une sorte de cadre

---

[1] L'expression est de Michel Foucher, cité par Benjamin Pelletier, *op. cit.*, p. 213.

Usages et enjeux...

dans lequel s'exercent l'activité des entreprises et la dynamique concurrentielle qui les relie[1]. Les discours et les pratiques de CIMAF sont dans la perspective constructiviste une nouvelle manière d'interroger ce qui se présente comme « *donné* », « *naturel* », « *intemporel* », « *nécessaire* » et/ou « *homogène* » (*moment de dé-construction*) et d'appeler ensuite des investigations sur les processus de construction de la réalité sociale (*moment de reconstruction*)[2]. En effet, les stratégies poursuivies par la multinationale marocaine contribuent au déclenchement d'un changement d'état dans l'environnement sectoriel du ciment, à l'origine d'un réagencement de son mode de fonctionnement. Pour prospérer dans le secteur, les joueurs sont appelés à adapter leurs stratégies aux nouvelles exigences de l'environnement. C'est le cas de CIMENCAM qui ne pourra plus fonctionner aisément dans un milieu qui légitime la concurrence avec les outils, tactiques et stratégies construits dans la logique de l' « *Un* ». *Idem* pour tous les joueurs (l'ancien et les nouveaux) qui devront se doter de nouvelles ressources et compétences : installation de cellules de veille – technologique, stratégique, concurrentielle etc. – au sein de l'entreprise afin de mieux connaitre leur environnement, recours croissant aux stratégies d'influence afin d'orienter l'environnement en fonction de leurs intérêts spécifiques etc.

Comment appréhender la dynamique concurrentielle dans cet écosystème recomposé ? Sous quel angle aborder les déterminants des mouvements stratégiques des joueurs en présence ? À partir des contextes externes ou sous l'angle des caractéristiques des entreprises en présence ? L'examen des choix stratégiques effectués par les différents acteurs se fera-t-il en termes de mouvements action/réaction ou en termes de comportements agressivité/tolérance ? Le leader du secteur

---

[1] Philippe Moati, *op. cit.*, pp. 22-23.
[2] Pour plus de détails sur le processus de déconstruction-reconstruction de la réalité sociale, lire, Philippe Corcuff, *Les nouvelles sociologies*, Paris, Nathan, 1995, p. 19.

parviendra-t-il à maintenir sa position dans cette arène concurrentielle où l'avantage concurrentiel devient temporaire, fragile et instable ? Est-ce que l'interaction concurrentielle amènera les entreprises à améliorer en permanence la valeur proposée aux clients à travers leur capacité d'innovation et de créativité dans la durée ? Quels seront les axes de développement actionnés par les compétiteurs afin de s'imposer dans cet environnement complexe et incertain[1] ? Cette batterie de questions qui interpellent les savoirs des chercheurs en économie industrielle nous permet de pointer la nécessaire prise en considération de deux mesures :

- la prise en compte de l'intelligence économique par les compétiteurs afin d'assurer la collecte, l'analyse, la valorisation, la diffusion et la protection de l'information économique stratégique. Ressource et enjeu de la concurrence entre les entreprises, l'information est une matière première qui octroie plusieurs avantages à celui qui s'en assure la maîtrise : possibilité de prendre la bonne décision, capacité de maintenir une longueur d'avance sur ses concurrents via l'anticipation, capacité de proposer des produits différents à travers l'innovation, possibilité de mener à bien des opérations d'offensive et de contre-offensive etc.

- l'intervention de l'État du Cameroun dans le jeu comme régulateur du comportement des entreprises. Dans cette optique, il doit – à travers des dispositifs formels et informels – impulser une culture sectorielle. Cette dernière oriente la manière dont les responsables des entreprises décryptent leur environnement et identifient ses menaces et opportunités ; elle tend à circonscrire les comportements légitimes, les voies de progrès à privilégier[2]. Elle peut par exemple proscrire une

---

[1] Ces questions sont inspirées de l'article de Jean-Charles Mathé, « Dynamiques concurrentielles », dans Franck Tannery et al (dir.), *op. cit.*, Chapitre 31.
[2] Philippe Moati, *op. cit.*, pp. 23-24.

entente oligopolistique sur le prix du ciment entre firmes concurrentes. Elle peut aussi endiguer toute velléité de guerre économique entre des compétiteurs qui partagent tous un même enjeu. L'absence de régulation entrainant par nature un état de jungle légitimant toute sorte de pratiques de voyous.

Toutefois, la lutte à laquelle se livrent ces différents joueurs est par essence une « *concurrence dans sa forme pure* ». La forme pure de la concurrence n'est pas en premier lieu une lutte offensive et défensive – parce que l'enjeu du combat ne se trouve pas entre les mains d'un adversaire. L'homme qui lutte contre un autre pour lui prendre son argent, ou sa femme, ou sa gloire, se comporte selon des formes tout à fait différentes, avec une tout autre technique que s'il est en *concurrence* avec un autre pour savoir qui va mettre dans sa poche l'argent du public, gagner les faveurs d'une femme, ou se faire un plus grand nom par ses actes ou ses paroles. Dans beaucoup d'autres sortes de combat la victoire sur l'adversaire ne rapporte pas immédiatement de prix, mais elle est elle-même ce prix ; dans le cas de la concurrence, deux autres combinaisons apparaissent : si la victoire sur le concurrent est un premier pas obligatoire, elle ne signifie encore rien par elle-même, mais le but de toute l'action ne sera atteint que lorsque se présentera une valeur tout à fait indépendante en elle-même de ce combat. Le commerçant qui a réussi à faire courir dans le public le bruit que son concurrent était insolvable est encore loin d'avoir gagné, si par exemple les besoins du public se détournent tout à coup de la marchandise qu'il offre[1]. « *Ce qui donne une coloration particulière à ce type de lutte concurrentielle, c'est que le résultat du combat ne suffit pas à réaliser la finalité du combat [...]* »[2].

On doit ajouter que cette concurrence est pour le Cameroun « *un moyen et le meilleur atout pour réussir à s'enrichir et*

---

[1] Georg Simmel, *Le Conflit*, Belval, Circé, 1995, pp. 72-73.
[2] *Ibid.*, p. 73.

à prospérer dans la mondialisation »[1]. Elle concourt au « *bien-être économique* » qu'Alexander Wendt considère comme un intérêt national[2].

Primo, elle permet à ce dernier de multiplier ses possibilités de diversifier ses domaines d'investissement, c'est-à-dire de jouer sur plusieurs relations de pouvoir à la fois. Car la multiplicité des engagements d'un acteur constitue pour lui un atout considérable, et cela d'un double point de vue. D'une part, elle lui fournit une protection contre les risques de pertes inhérentes aux relations de pouvoir, dans la mesure où elle lui permet de répartir ses mises et d'éviter ainsi que « *tous ses œufs se trouvent dans le même panier* ». D'autre part, elle fournit de meilleures possibilités de jeux offensifs. Jouant sur plusieurs relations de pouvoir, un acteur pourra ainsi cumuler les ressources provenant d'autres engagements et les investir massivement dans une relation spécifique pour renforcer sa situation dans celle-ci[3]. Un coup d'œil jeté dans le rétroviseur des transactions entre l'État du Cameroun et CIMENCAM nous permet d'illustrer notre propos. Nous sommes en 2007, le Cameroun connaît une énième pénurie de ciment. CIMENCAM fait parvenir au gouvernement une proposition d'augmentation du prix du sac de 50 kg de ciment de 300 FCFA, qui passerait alors de 4500 à 4800 FCFA. Ce dernier lui oppose une fin de non-recevoir en invoquant la baisse du pouvoir d'achat des populations. S'engage alors un bras de fer entre ces deux acteurs qui se soldera par la victoire du cimentier qui, se servira de sa position d'unique fournisseur pour décider d'une augmentation

---

[1] Hilaire de Prince Pokam, *Le multilatéralisme franco-africain à l'épreuve des puissances*, Paris, L'Harmattan, 2013, p. 403.
[2] Selon Alexander Wendt, le comportement international d'un Etat est guidé par les intérêts nationaux. Il distingue à cet effet quatre types d'intérêt nationaux : la survie physique, l'autonomie, le bien-être économique et la valorisation collective de soi. Dario Battistella, *Théories des relations internationales, op. cit.*, pp. 282-283.
[3] Michel Crozier et Erhard Friedberg, *op. cit.*, p. 74.

unilatérale du prix du sac de ciment à la mi-octobre 2007[1]. L'arrivée de fournisseurs alternatifs comme CIMAF permet à l'État du Cameroun de réévaluer ses capacités d'action en limitant le pouvoir de contrainte qu'avait CIMENCAM sur ses marges de manœuvre.

Secundo, elle lui permet de générer un ensemble de bénéfices : fiscal par prélèvement des impôts sur la valeur ajoutée produite ; social par la création d'emplois qualifiés, l'amélioration du niveau de vie des salariés par des rémunérations élevées et la réduction du coût du logement ; économique par le transfert de technologie, le grossissement du PIB (Produit Intérieur Brut) du Cameroun (lorsque CIMAF produit et vend sur le marché camerounais, ses profits et intérêts sont comptabilisés dans le PIB camerounais et non marocain) et la possibilité du réinvestissement par CIMAF de ses profits dans le marché camerounais.

Tertio, cet environnement ouvert et concurrentiel participe au processus de construction des compétitivités néo-mercantiliste et attractiviste du Cameroun.

Compétitivité néo-mercantiliste : en faisant du Cameroun un espace de production, de consommation et d'exportation, CIMAF concourt au renforcement des performances économiques de celui-ci dans le commerce international à travers un écoulement des produits « *Made in Cameroon* » dans la zone CEMAC (lorsque CIMAF produit au Cameroun et exporte en Afrique centrale, cela gonfle les exportations camerounaises et non celles du Maroc).

Compétitivité attractiviste : tous les IDE ne sont pas bénéfiques pour l'économie du territoire récepteur. Une distinction fondamentale s'opère à ce niveau entre les *fusions-*

---

[1] Pour plus de détails sur les transactions houleuses entre l'État du Cameroun et CIMENCAM, lire, *Investir au Cameroun*, n°20, novembre 2013.

acquisitions (crossborder mergers and acquisitions, M&A), qui ne sont que des changements de propriétaire, sans création d'activité et les *investissements de capacité (greenfield investments)* qui créent ou développent effectivement une activité économique. Les IDE de capacité constituent un apport indéniable pour une économie. Ils permettent des créations *ex-nihilo* d'entreprises sur un territoire[1]. L'implantation de CIMAF ne vient pas seulement augmenter la population industrielle du Cameroun, elle contribue considérablement au renforcement du statut (capitale économique) et à l'attractivité de la ville de Douala. Symétriquement, ses actions, interactions et représentations participent au façonnage du territoire local. C'est sur ce terrain local que les effets synergiques entre firmes, universités, laboratoires de recherche et collectivités locales peuvent être facilement maitrisés ; que ces initiatives concertées entre partenaires produisant l' « *espace* » peuvent entrainer de puissants effets d'agglomération de nature à ériger Douala en pôle de compétitivité ayant un effet d'entrainement sur les autres villes du Cameroun.

---

[1] Pour plus de précisions sur la différence entre les fusions-acquisitions et les investissements de capacité, lire, Gilles Ardinat, *op. cit.,* pp. 92-97.

IV.

Conclusion

En définitive, CIMAF met en musique divers instruments et stratégies pour conquérir le Cameroun. Elle utilise pleinement son entrée dans le jeu pour construire son identité, ses intérêts et ceux de son État d'origine avec qui elle interagit amplement. Aussi bien, son offensive est de nature à participer au positionnement du Maroc sur les lignes de force, de vie d'un échiquier international caractérisé par une floraison de rapports de force et d'antagonismes géoéconomiques. D'abord, elle témoigne de la santé économique du Royaume du Maroc qui est selon Pascal Lorot l'aune à laquelle on juge désormais la puissance d'une nation[1]. Ensuite, elle permet au pays de l'Atlas d'adopter une économie de combat, condition *sine qua non* d'une stratégie de puissance[2]. Est-il possible pour le Cameroun et ses différents opérateurs économiques de s'inscrire à l'école du Maroc et de CIMAF ?

La réponse nous paraît à l'évidence positive. Mais elle nécessite qu'une condition primordiale soit remplie : la nécessité pour le Cameroun de devenir un *État stratège*.

Conçu par Nicolas Machiavel, l'*État stratège* peut se résumer en six qualités fondamentales. C'est un État qui :

---

[1] Lire, Pascal Lorot, *op. cit.*, p. 110.
[2] Christian Harbulot, Alice Lacoye, « La guerre économique, un instrument des stratégies de puissance », dans *Géoéconomie*, 2008/2, n° 45, p. 83.

- a une vision politique de la société ;

- a compris que les sources de la création de richesse résident dans le choix des « *bonnes activités* » à rendement croissant ;

- a compris que richesse et puissance étaient intimement liées ;

- a compris le lien entre réforme de l'administration et stratégie de l'État ;

- promeut les entreprises et combat les rentiers ;

- tient la finance à bride serrée[1].

C'est dire combien le rôle de l'État est important dans le développement d'un pays. Et, à ce niveau, le Cameroun ne manque pas d'atouts. Il dispose d'inportantes ressources humaines capables de construire l'entreprise et la marque « *Cameroun* » et de l'inscrire de manière honorable dans le jeu de la mondialisation.

---

[1] Pour plus de détails, lire, Claude Rochet, dans son introduction à l'édition française de l'ouvrage d'Erik S. Reinert, *op. cit.*, pp. 56-76.

Bibliographie

- Ardinat Gilles, *Géographie de la compétitivité*, Paris, Presses Universitaires de France, 2013.
- Badie Bertrand, Brauman Rony, Decaux Emmanuel, Devin Guillaume et Withol de Wenden Catherine, *Pour un autre regard sur les migrations. Construire une gouvernance mondiale*, Paris, Éditions La Découverte, 2008.
- Bastien Vincent, Dubourdeau Pierre-Louis, Leclère Maxime, *La Marque France*, Paris, Presses des Mines, 2011.
- Battistella Dario, *Théories des relations internationales*, Paris, Presses de la Fondation Nationale des Sciences Politiques, 2003.
- Ben Yahmed Danielle, Houstin Nicole (dir.), *Atlas de l'Afrique*, Paris, Les Éditions du Jaguar, 2010.
- Braspenning Thierry, « Constructivisme et réflexivisme en théorie des relations internationales », dans *Annuaire Français de Relations Internationales*, Volume III, 2002, pp. 314-329.
- Buhler Pierre, *La puissance au XXIe siècle. Les nouvelles définitions du monde*, Paris, CNRS ÉDITIONS, 2011.
- Carron de la Carriere Guy, « Omniprésence économique », dans Frédéric Charillon (dir.), *Politique étrangère. Nouveaux regards*, Paris, PFNSP, 2002, pp. 243-273.
- Chabault Denis, Loubaresse Elodie, Saives Anne-Laure, Sergot Bertrand, « Espaces et territoires », dans Franck Tannery, Jean-Philippe Denis, Taieb Hafsi, Alain Charles Martinet (dir.), *Encyclopédie de la stratégie* [livre électronique], Paris, Vuibert, 2014, Chapitre 40.

- Chang Ha-Joon, *2 ou 3 choses que l'on ne vous dit jamais sur le capitalisme*, Paris, Éditions du Seuil, octobre 2012.
- Chouala Yves Alexandre, *La politique extérieure du Cameroun. Doctrine, acteurs, processus et dynamiques régionales*, Paris, Karthala, 2014.
- Citton Yves, « Management des cœurs », dans Franck Tannery, Jean-Philippe Denis, Taieb Hafsi, Alain Charles Martinet (dir.), *Encyclopédie de la stratégie* [livre électronique], Paris, Vuibert, 2014, Chapitre 57.
- Corcuff Philippe, *Les nouvelles sociologies*, Paris, Nathan, 1995.
- Coutau-Bégarie Hervé, *Traité de stratégie*, Paris, Economica, 7e édition, 2011.
- Crozier Michel et Friedberg Erhard, *L'acteur et le système. Les contraintes de l'action collective*, Éditions du Seuil, 1977.
- Dafir Amine, « La diplomatie économique et l'insertion internationale : le cas du Maroc », dans Jean-Crépin Soter Nyamsi (dir.), *L'Afrique et son développement. Réalités complexes et nouveaux enjeux, dans un monde en transformation*, Paris, L'Harmattan, 2013, pp. 87-100.
- Dafir Amine, « La diplomatie économique marocaine en Afrique subsaharienne : réalités et enjeux », dans *Géoéconomie*, 2012/4, n° 63, pp. 73-83.
- Dafir Amine et Haoudi Karima, « La diplomatie économique et l'insertion internationale de l'économie marocaine », dans *International Journal of Innovation and Applied Studies*, Vol 6, N° 4, July 2014, pp. 850-859.
- Découvrir ISO 26000, Organisation internationale de normalisation, 2010.
- Delannon Nolywé, Raufflet Emmanuel, Portales Luis, Garcia-de-la-Torre Consuelo, « Communautés locales », dans Franck Tannery, Jean-Philippe Denis, Taieb Hafsi, Alain Charles Martinet (dir.), *Encyclopédie de la stratégie* [livre électronique], Paris, Vuibert, 2014, Chapitre 8.
- Devin Guillaume, *Sociologie des relations internationales*, Paris, La Découverte, 2002.

- Dimaggio Paul J, Powell Walter W, « The iron cage revisited : institutional isomorphism and collective rationality in organizational fields », dans *American Sociological Review*, volume 48, issue 2, april 1983, pp. 147-160.
- Diplomatie marocaine en Afrique : Une approche renouvelée au service d'une priorité stratégique, Ministère des Affaires Etrangères et de la Coopération du Royaume du Maroc, 10 août 2012.
- Dobry Michel, *Sociologie des crises politiques*, Paris, Presses de la Fondation Nationale des Sciences Politiques, 1992.
- Document de Stratégie pour la Croissance et l'Emploi. Cadre de référence de l'action gouvernementale pour la période 2010-2020, République du Cameroun, août 2009.
- Echaudemaison Claude-Danièle (dir.), *Dictionnaire d'économie et de sciences sociales*, Paris, Nathan, 2010.
- Élias Norbert, *Qu'est-ce que la sociologie ?*, Éditions de l'Aube, 1991.
- Étude partenariat Maroc-Afrique. 15 recommandations pour un co-développement responsable et durable, Institut Amadeus, Juillet 2014.
- Friedberg Erhard, *Le Pouvoir et la Règle. Dynamiques de l'action organisée*, Paris, Éditions du Seuil, avril 1993.
- Généreux Jacques, *Les Vraies Lois de l'économie*, Paris, Éditions du Seuil, 2005.
- Global Entrepreneurship Index 2017, The Global Entrepreneurship and Development Institute, Washington, D.C., USA.
- Gostick Adrian, Elton Chester, *The carrot principle. How the best managers use recognition to engage their people, retain talent and accelerate performance*, London, Simon & Schuster, 2007.
- Grosser Pierre, « De l'usage de l'histoire dans les politiques étrangères », dans Frédéric Charillon (dir.), *Politique étrangère. Nouveaux regards*, Paris, PFNSP, 2002, pp. 361-389.

- Habermas Jürgen, *Théorie de l'agir communicationnel*, Paris, Fayard, 1987.
- Harbulot Christian, *Sabordage. Comment la France détruit sa puissance*, Paris, Éditions François Bourin, 2013.
- Harbulot Christian, « La lecture des rapports de force économique », dans Christian Harbulot (dir.), *Manuel d'intelligence économique*, Paris, Presses Universitaires de France, 2e édition mise à jour, 2015, pp. 33-43.
- Harbulot Christian, Lacoye Alice, « La guerre économique, un instrument des stratégies de puissance », dans *Géoéconomie*, 2008/2, n° 45, pp. 73-84.
- Hermet Guy, « Quel espace de sens pour l'Europe ? », dans Laïdi Zaki (dir.), *Géopolitique du sens*, Paris, Desclée de Brouwer, 1998, pp. 47-66.
- Juillet Alain, Racouchot Bruno, « L'influence, le noble art de l'intelligence économique », dans *Communication et organisation*, 42 | 2012, pp. 161-174.
- Kenichi Omae, *L'entreprise sans frontières : nouveaux impératifs stratégiques*, Paris, InterÉditions, 1991.
- Kennedy Paul, *Naissance et déclin des grandes puissances. Transformations économiques et conflits militaires entre 1500 et 2000*, Paris, Éditions Payot, 1991.
- Laïdi Zaki, « La lente émergence d'espaces de sens dans le monde », dans Laïdi Zaki (dir.), *Géopolitique du sens*, Paris, Desclée de Brouwer, 1998, pp. 9-44.
- Le Deley Éric, « L'intelligence économique au service des négociateurs », dans Christian Harbulot (dir.), *Manuel d'intelligence économique*, Paris, Presses Universitaires de France, 2e édition mise à jour, 2015, pp. 317-330.
- Lorot Pascal, « La géoéconomie, nouvelle grammaire des rivalités internationales », pp. 110-122, site internet : www.diplomatie.gouv.fr/fr/IMG/pdf/FD001147.pdf, consulté le 01/11/2015.
- Luttwak Edouard Nicolae, *Le rêve américain en danger*, Paris, Odile Jacob, 1995.

- Martinet Alain Charles, Payaud Marielle, « RSE », dans Franck Tannery, Jean-Philippe Denis, Taieb Hafsi, Alain Charles Martinet (dir.), *Encyclopédie de la stratégie* [livre électronique], Paris, Vuibert, 2014, Chapitre 75.
- Mathé Jean-Charles, « Dynamiques concurrentielles », dans Franck Tannery, Jean-Philippe Denis, Taieb Hafsi, Alain Charles Martinet (dir.), *Encyclopédie de la stratégie* [livre électronique], Paris, Vuibert, 2014, Chapitre 31.
- Moati Philippe, *La nouvelle révolution commerciale*, Paris, Odile Jacob, 2011.
- Mouelle Kombi Narcisse, *La politique étrangère du Cameroun*, Paris, L'Harmattan, 1996.
- Ndam Njoya Adamou, *Le Cameroun dans les relations internationales*, Paris, LGDJ, 1976.
- Ouédraogo Alidou, Atangana-Abé Jacob, « Culture stratégique africaine », dans Franck Tannery, Jean-Philippe Denis, Taieb Hafsi, Alain Charles Martinet (dir.), *Encyclopédie de la stratégie* [livre électronique], Paris, Vuibert, 2014, Chapitre 17.
- Paquin Stéphane, *La nouvelle économie politique internationale*, Paris, Armand Colin, 2008.
- Payaud Marielle, Martinet Alain Charles, « Pauvreté », dans Franck Tannery, Jean-Philippe Denis, Taieb Hafsi, Alain Charles Martinet (dir.), *Encyclopédie de la stratégie* [livre électronique], Paris, Vuibert, 2014, Chapitre 65.
- Pelletier Benjamin, « Les enjeux stratégiques de l'intelligence culturelle », dans Christian Harbulot (dir.), *Manuel d'intelligence économique*, Paris, Presses Universitaires de France, 2e édition mise à jour, 2015, pp. 203-213.
- Pitti François, « La diplomatie économique des entreprises », dans *Géoéconomie*, 2011/1, n°56, pp. 105-118.
- Pokam Hilaire de Prince, *Migration chinoise et développement au Cameroun*, Paris, L'Harmattan, 2015.

- Pokam Hilaire de Prince, *Le multilatéralisme franco-africain à l'épreuve des puissances*, Paris, L'Harmattan, 2013.
- Pondi Jean-Emmanuel (dir.), *L'ONU vue d'Afrique*, Paris, Maisonneuve & Larose/Afredit, 2005.
- Quatrième enquête camerounaise auprès des ménages (ECAM 4). Tendances, profil et déterminants de la pauvreté au Cameroun entre 2001-2014, Institut National de la Statistique, décembre 2015.
- Reich Robert, *L'économie mondialisée*, Paris, Dunod, 1993.
- Reinert Erik S., *Comment les pays riches sont devenus riches et pourquoi les pays pauvres restent pauvres*, Paris, Éditions du Rocher, 2012.
- Ricardo David, *The Principles of Political Economy and Taxation*, London, John Murray, 1817.
- Rojot Jacques, *Théorie des organisations*, Paris, Éditions ESKA, 2003.
- Rosière Stéphane, *Géographie politique et Géopolitique*, Paris, Ellipses, 2e édition, 2007.
- Roux Dominique, « Résistance du client, du consommateur et de l'usager », dans Franck Tannery, Jean-Philippe Denis, Taieb Hafsi, Alain Charles Martinet (dir.), *Encyclopédie de la stratégie* [livre électronique], Paris, Vuibert, 2014, Chapitre 72.
- Sauquet Michel, Vielajus Martin, *l'intelligence interculturelle. 15 thèmes à explorer pour travailler au contact d'autres cultures*, Paris, Éditions Charles Léopold Mayer, 2014.
- Sauquet Michel, Vielajus Martin, *L'Intelligence de l'autre. Prendre en compte les différences culturelles dans un monde à gérer en commun*, Paris, Éditions Charles Léopold Mayer, 2007.
- Simmel Georg, *Le Conflit*, Belval, Circé, 1995.
- Smouts Marie-Claude, Battistella Dario, Vennesson Pascal, *Dictionnaire des relations internationales. Approches, concepts, doctrines*, Paris, Dalloz, 2e édition, 2006.

Bibliographie

- Villar Constanze, *Le discours diplomatique*, Paris, L'Harmattan, 2008, site internet : http://classiques.uqac.ca/contemporains/villar_constanze/discours_diplomatique/villar_discours_diplo.pdf, consulté le 14/04/2014.
- Wilga Maciej, « Le constructivisme dans le domaine de l'intégration européenne », pp. 67-88, site internet : http://altitona.hautetfort.com/files/Constructivisme.pdf, consulté le 14/04/2014.
- Wladimir Andreff, *Les multinationales globales*, Paris, La Découverte, 2003.

Annexe

Produits commercialisés par CIMAF au Cameroun

Photo 1 : CEM II B 32.5 R de CIMAF

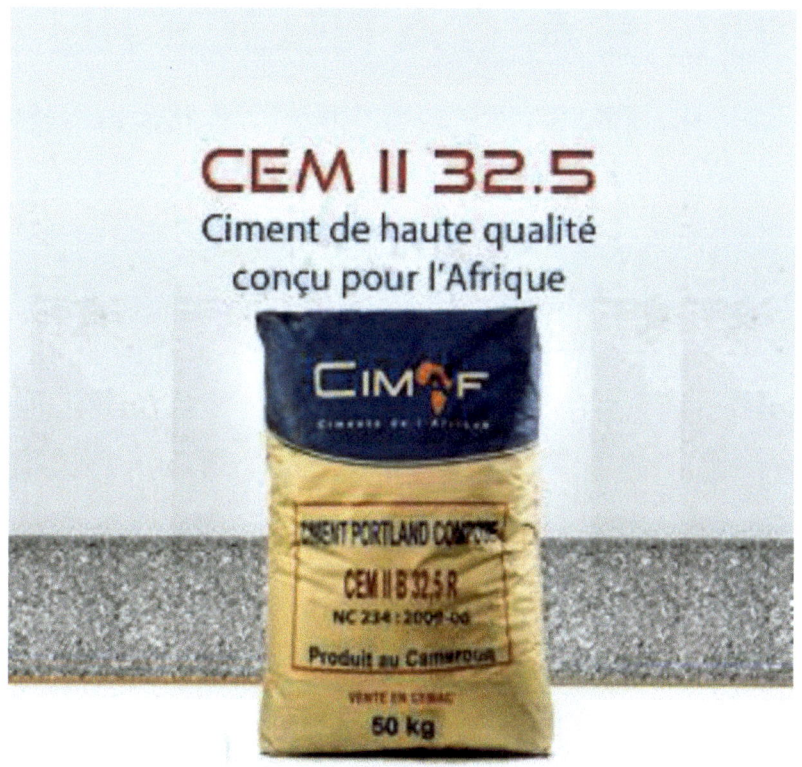

Source : http://www.cimentsafrique.cm/cem-ii-b-32-5-r

Photo 2 : CEM II B 42.5 R de CIMAF

Source : http://www.cimentsafrique.cm/cem-ii-b-42-5-r

Annexe

Photo 3 : CPJ 35 de CIMAF

Source : http://www.cimentsafrique.cm/produits